魯金

著

魯金作品集

香港廟宇閒談

總序

香港史研究興起之前,很多本地早期事蹟主要靠掌故保存下來。所謂「掌故」,是指關於歷史人物、社會風俗以及典章制度等的故實或傳聞。記載掌故的文章,或在報刊上發表,或見於文集、傳記、回憶錄中,是研究歷史不可或缺的參考材料之一。至於掌故是否全部確鑿可信,則有賴歷史學家進一步的考索和印證。

本地報紙的副刊,向以內容豐盛見稱,不乏佳作,造就了多位作家、小說家甚至專家學者。以掌故名家的亦復不少,當中的表表者是魯金,譽為香港掌故大家,是實至名歸的。著述繁富,時至今日仍有可供閱讀和參考的價值。

著名報人和作家

魯金(1924-1995),原名梁濤,祖籍廣東省雲浮市新興縣,生於澳門。以筆名魯金為人所熟知,其他筆名包括魯言、夏歷、魯佳方、老街方、三繞、夏秋冬等。從事新聞事業逾半個世紀,早年曾經在省、港、澳及戰時的韶關各大報章擔任編輯和撰述工作;抗日戰爭勝利後,定居香港。

魯金長期留意香港史事,對人物掌故和時代變遷瞭如指掌,寫成多篇文章,部分輯成專書。他為廣角鏡出版社編著《香港掌故》,總共出版了十三集;又為三聯書店主編「古今香港系列」叢書,當中有幾種是他自己的作品。1992 年,為市政局編寫《香港街道命名考源》和《九龍街道命名考源》。

主編「古今香港系列」

1988 年，三聯書店開始出版由梁濤主編的「古今香港系列」，是認識香港百多年來歷史進程和社會發展的一套重要叢書，備受注意，廣泛流傳。當中《港人生活望後鏡》、《粵曲歌壇話滄桑》和《九龍城寨史話》都署「魯金著」，是他比較重要的專書，視為代表作，似亦未嘗不可。《港人生活望後鏡》介紹了昔日香港流行的生活方式和習俗，包括飲食、時裝、娛樂、中藥等行業，及曾經流行一時的俗語等。《粵曲歌壇話滄桑》系統地敘述粵曲歌壇不同階段的發展，及早期粵曲歌伶、名曲玩家的生平逸事。《九龍城寨史話》搜集了大量歷史材料，並進行實地考察，是了解九龍城寨的基礎讀物。

講述港九各個地區街道的故事，魯金亦優以為之。《香港中區街道故事》和《香港東區街道故事》，均署「夏歷著」，街名來歷及相關事蹟，娓娓道來，除非是老街坊，否則是未必知道的。後來三聯書店編印「香港文庫·新古今香港系列」，除重印《香港中區街道故事》、《香港東區街道故事》外，增出《香港西區街道故事》、《九龍街道故事》、《新界及離島街道故事》，均署名「魯金」。港九、新界齊備，魯金走遍全港是名不虛傳的。

編著《香港掌故》

　　1977 至 1991 年，廣角鏡出版社出版了《香港掌故》十三集，前三集都是魯金的文章，總共四十三篇。當中有不少文章講述香港的百年發展，如第一集的〈百年來香港幣制沿革〉、〈百年來港澳交通史〉，第二集的〈百年來香港中文報紙版面的變遷〉，第三集的〈百年來香港新年習俗沿革〉和〈百多年來省港關係發展史話〉。

　　魯金講掌故，比較重視歷史脈絡和時代變遷，例如第一集就有〈香港食水供應史〉、〈香港稅收史話〉、〈香港海盜史略〉、〈香港嚴重的風災史〉等，第二集有〈香港的貪污與反貪污史〉和〈馬年談香港賽馬史〉，第三集有〈香港和中國邊界交通史〉和〈百多年來省港關係發展史話〉。也有關於重要歷史事件的，包括〈五十年前的香港大罷工〉、〈香港淪陷與香港重光〉之類。

　　第四集起，每集只有一至四五篇署名「魯言」的文章，重要的有〈耆英在香港〉（第四集）、〈香港華人社團的發展史 —— 三易其名的香港中華總商會〉（第五集）、〈香港清末民初武術發展史話〉（第十一集）等。十三集合共有署名「魯言」的文章六十多篇，內容包羅萬有，謂為百科全書式的香港掌故家，亦曰得宜。第二集中〈關於處理香港歷史資料的態度問題〉，頗可注意；第六集中有吳志森的〈魯言先生談《香港掌故》〉，有助加深了解。

其他著作與文獻材料

　　魯金還有幾種著作。1978 年廣角鏡出版社出版《香港賭博史》；1990 年代次文化堂出版包括：一、《香港廟趣》；二、《妙言廟宇》；三、《香江舊語：老派廣東話與香港民生關係概說》；四、《魯金札記：中國民間羅漢小史》。

　　總的來說，魯金掌故之所以有分量和特色，主要有幾個原因：第一，有新聞觸角和歷史眼光，而且能夠兩者兼顧；第二，文獻材料加上實際考察，既能互補又有互動；第三，香港事物配合中外發展，洞悉時代環境的變遷。鄭明仁在《香港文壇回味錄》（天地圖書有限公司，2022）中，稱魯金為「香港掌故之王」。

　　香港中央圖書館香港文學資料室設有「魯金文庫特藏」，從中可見魯金生前收藏的書刊、文獻和剪報材料等，這對於研究一個作家的生平與著作，是十分珍貴和有用的。隨著魯金大量作品的重印及整理結集，他在本地掌故方面所作出的努力與貢獻，相信可以得到更多肯定，亦有助於香港研究的深化和發展。

周佳榮

香港浸會大學歷史系榮休教授

2022 年 12 月

目錄

前言

這本書是我和內子何少貞共同合作完成的，因為到本港所有的廟宇去採訪，必須到廟裏去參神，有很多參神的禮節，我是不懂的，這就要依靠她去進行，我則在廟裏廟外，訪碑考古。有時廟宇有些奇妙的事蹟，還要靠她向廟裏的人查問。作為一位婦女，她以虔誠的態度去詢問，自然事半功倍。她的辛勞是不可忽略的。

同時，我們有共同的興趣 —— 研究香港各廟宇裏的神簽，廟裏的簽要用簽筒逐枝逐枝搖出來。要把廟裏的簽從最先的第一簽到最後的一條簽全套收集，往往要分多次去才能收集得到。本港只有少數廟宇肯照價出售全套神簽，肯全套神簽一次出售的廟宇，大部分都有解簽書，沒有解簽書的大部分廟宇都不答應全套神簽出售。這就要分多次和有計劃地去求神，搖出簽號來才能收集齊全。支出的費用昂貴不在話下，還要有時間和耐心，同時非有強烈的興趣支持是不容易辦到的。

本書所收集的廟宇掌故，是從六年前開始的，六年內香港發展很快，其中有些廟宇可能因發展土地而遷徙別處，或有些交通設施已經改變。讀者如想按圖索驥，最好事先向有關的交通設施的公司查問一下才好啟程。

魯金

孔安道圖書館獲衝坊支持已世界知名

香港上海

九龍

洪聖和街鴨脷洲

港滬雙城展展品多

香港淪陷時期用土紙印刷的小說

令暖天鵝

1922本銀城每份由三仙加至五仙

鑽石山志蓮淨苑

廟街天后廟

九龍城侯王廟

黃大仙廟

榕樹頭觀音古廟

觀音大士駕到
土地恭迎上座

　　中國的廟宇，通常不限於供奉一位神靈，有些廟宇是供奉多位菩薩的；但是習慣上，這間廟叫什麼廟，即以這位菩薩為主，其他供奉的神，則為副。大殿正中，一定安奉這一位廟名上的神，例如文武廟，正殿必供奉文武二帝，其餘各神，多在殿左或殿右。

　　但也有例外的，例如榕樹頭觀音古廟，本來是一座福德祠；這福德祠的石刻門額，立於廟門頂上，是建築時安上去的，這就是說，它原本是土地廟，但是因為後來安奉觀音菩薩，便在廟門之上，裝上一塊大橫額，上書「觀音古廟」四字。於是原本屬於土地廟的福德祠，就成了觀音大士的古廟了。

　　福德祠的門額上，刻有「光緒二十九年重修」的字樣；光緒二十九年是一九〇三年。觀音古廟的橫額，上寫「庚戌年冬月重修」，庚戌是一九一〇年，在福德祠重修之後七年，可見是比福德祠為晚。

　　據坊眾憶述，一九〇三年重修這間福德祠後，廟外是公眾碼頭，坊眾認為應該安奉一位望海觀音在該處，保護水陸平安最為適合，但是該處已經沒有土地可供建廟之用，因此就請觀音大士到福德祠內安奉，於是乎，便將福德祠作為觀音廟。

　　這觀音廟開光那一年，正是一九一〇年的庚戌年，即宣統二年。

　　現在廟內以觀音為主，土地為副，有後來居上之意。其實按照中國神學的觀念，觀音的地位是高過土地的，觀音大士駕到，土地公公自然要恭迎祂上座。

　　這間廟在公眾四坊街側，公眾四坊街今改名眾坊街；從前廟宇獨立，今已圍以粉牆，納入榕樹頭公園之內。

油蔴地眾佛堂

眾佛堂在油蔴地
是座鐵屋式小廟

本港廟宇通常分為三種：一種為道家的廟宇、一種為佛家的廟宇、一種為儒釋道三位一體的廟宇。這是就大體上而言，其實有很多廟宇，釋道兩家都混合起來，很難分出是哪一家的。

為甚麼會這樣的呢？這是因為中國自漢朝到清朝的二千年當中，各朝代的皇帝，有尊崇道教的、有尊崇佛教的。尊崇佛教的皇帝，有時將道教的寺院改為佛寺；尊崇道教的皇帝，又將佛寺改為道院。這樣經多次改革，民間為了避免改來改去，又因改來改去之時，人民有信道教的神靈、有信佛教的神靈，於是乎，便將之統其成而集中一起供奉，因而就有佛道合一的廟宇存在。

故本港很多廟宇，廟內既供奉佛像，又供奉道家的神像。

「廟宇學」所以成為一種學問，其原因即在於其中難解之處。這是民俗學之一種，研究起來，便知「廟在奇中」，亦知妙在其中。

眾佛堂，就是集佛家和道家各種神佛於一爐的廟堂。這間廟堂極為細小，只是海旁搭起的一間鐵皮小屋。它的位置在油蔴地西貢街直出，過了十字路口的海邊，現時這海邊的街道，已有新的街名，叫文昌街。

該處從前是油蔴地避風塘中的水師塘所在，水師塘即政府船舶停泊所。從前古老人家對政府船隻，一律稱之為「水師船」，故該處稱水師塘。水師塘上的船隻，多由華人擔任工作，他們為了確保水陸平安，故很早就在水師塘上安奉各種神佛，作為祈禱出

入平安之用。

　　水師塘填海之後，政府船舶改泊九龍政府船塢，該處闢為電船仔碼頭，坊眾便將從前水師塘內的各神佛，另建小廟一座以安奉，稱為眾佛堂。廟堂之內，供奉的神佛，不計其數，有佛教的菩薩、有道教的神仙；集神佛於一堂，故稱眾佛堂。

油蔴地十王殿

犯人竟能享香火
肩搭鎖鏈手上枷

本港的神廟，大部分都是安奉吉神的，甚少安奉凶神，只有城隍廟才有凶神安奉。

油蔴地的城隍廟安奉牛頭馬面兩名羅剎，這兩位也可算是凶神了；但是，在十王殿上，卻有一位真正的「大吉利是」的神靈安奉，這神靈是個「犯人」。

這位「犯人」雙手被枷鎖鎖着，枷鎖上還有一條鎖鏈，一看便知是犯人被公差押解時的模樣。這位「犯人」立在閻羅王之前，說是被押去見閻羅王的，然則他應該面向閻羅王及跪下才合理，但他只是站着，面向香爐，顯然這個「犯人」也要享用人間香火。

「犯人」而受人祀奉，是甚麼原因呢？很多研究廟學的人，都找不出其中道理來。

原來這一個「犯人」，是一切「犯人」的代表，代表所有剛去世不久的不幸人。他被安奉在十王殿前，是表示那些死於非命，或橫死及不幸而死的人；他站在那裏，表示開始起解押入地府去。

原來舊時犯人發配充軍，在起解的時候，犯人的親屬，必帶些財物前來送行。那些財物一部分用來賄賂公差，請他們好好地對待犯人；一部分交給犯人，以便沿途使用。如《蘇三起解》、《林沖》等劇，其犯人起解時的情形，正如這廟中的「犯人」一樣。

這個「犯人」就是象徵正被押解的那些不幸而死的人。按照佛道兩家的說法，一個人死於非命，會被押進枉死城去研究死因，

押解時必拴上鎖鏈和枷鎖，因此那些死者的家屬，便要到來燒些金銀衣紙給地府的公差，託他們好好地照顧這位亡魂。

廟街天后廟

廟街由此廟得名
產業送廣華醫院

　　香港廟宇以天后廟為最多，估計約有四十間，但是每一間廟都有它的奇妙之處，例如油蔴地榕樹頭的天后廟，就有很多奇趣之事。

　　榕樹頭的天后廟，最初並不在榕樹頭，是在官涌街市附近，於光緒二年（一八七六）遷來的。現在廟門頭上的石刻金字「天后古廟」四字，上有「光緒丙子遷建」字樣；所謂「遷建」，就是從官涌街市那邊遷來之謂。丙子年就是光緒二年，這是最有力的證明。

　　為甚麼當時要將天后廟從官涌遷去榕樹頭呢？原來，在官涌的天后廟是一間小廟，當時九龍已有很多貨物運到港島出售，四鄉鄉民也把農作物運港，船渡泊在榕樹頭前，坊眾需要天后坐鎮在碼頭前，便在該處建一間宏偉的大廟。同時，官涌一帶已成鬧市，舖戶林立，捐款建廟之外，亦要建一間公所以便街坊在此集會，因此便將榕樹頭的天后廟擴大，在廟側建了公所和書院，把舊廟拆去，建舖作為天后廟的嘗產。

　　廟街，就是因為這間天后廟而命名，從前廟街分為兩段，在天后廟南面、通到官涌的，叫廟南街，在廟北的稱廟北街，後來因當局將榕樹頭改為公園，又在廟南建圖書館和停車場，已將廟街截斷，廟街南北不相通了。

　　天后廟本來是廟街坊眾所建的神廟，廟產極為豐富。一九一四年，由於歐洲大戰，香港經濟不景，廣華醫院經費不足，由當任華

民政務司夏理德建議，將天后廟的收入，撥作廣華醫院的經費，廟產亦送予廣華醫院，因此這間天后廟，亦屬慈善神廟之一，是造福港人的廟宇。

廟街觀音樓

此廟名叫觀音樓
上加社壇有來歷

香港的廟宇，以天后廟為數最多，其次便輪到觀音廟了。

但觀音廟的名稱，往往各有不同，有些觀音廟，不叫廟而叫堂，稱觀音堂；有些則稱樓而不稱廟，名叫觀音樓，如廟街的觀音樓即是其一。

最奇怪的是，在「觀音樓」之前，加上「社壇」兩字，而成為「社壇觀音樓」，真是相當特別，究竟這間觀音樓，何以不稱廟？又何以加上「社壇」兩字？真是值得研究。

先談談社壇究竟是甚麼？查社壇就是一社的社廟。

《管子》載云：「方六里，合之曰社。」又《周禮‧月令》云：「命民社。」注云：「社，后土也，使民祀焉。」就是說，社壇就是方橫六里內的居民所奉祀的后土之神廟。

原來，從前官涌村和廟街一帶的居民，在榕樹頭建了一間社學；所謂社學實則是方橫六里內的公立書院。因為建了社學，便在社學側建一間社廟，這便是社壇。

後來，該處的福德祠，請了一位觀音來坐鎮，將觀音菩薩安奉在福德祠內，這便是已介紹過的觀音古廟。

後來，坊眾覺得，福德祠既請來一位觀音，這觀音在北面，對廟北街的坊眾有利。因此廟南街那一邊的坊眾，便再請來一位觀音，安奉在南面的社壇之內；但北面的已名觀音古廟，南面的這一間，便不能稱廟，故用「社壇觀音樓」加以區別。

　　這間廟，現在已劃入榕樹頭天后廟的範圍內，因此，就在同一範圍內，有兩間觀音廟。一間是近北面的，稱觀音古廟；一間近南面的，叫社壇觀音樓。兩位觀音菩薩，一南一北，保佑南北坊眾。

尖沙咀福德古廟

尖沙咀唯一廟宇
歷史失傳靠憶述

四大天王福德古廟，相信很少人知道在何方，就算說出來，你也不會信。因為此廟在尖沙咀，附近有不少酒吧及鬼佬商店。你可能日日到尖沙咀，但不容易發現這間奇廟。

此廟原來在尖沙咀新街市側邊一條小巷之內，近年街坊在巷口搭了一個牌坊，在巷的兩邊擺設花盆，種了不少時花，只要稍為留心，就會見到小巷口的牌坊，對正九龍公園的自修室。會考生在裏邊溫習功課，定會受到這位靈神保佑成績優良。

這間四大天王福德古廟，內有一方碑記，記述很多奇事。第一奇，是這間廟原來不在該處。

由於市政局[1]將北京道的尖沙咀舊街市遷到該處，連同該廟也一齊改建成現在的模樣，所以此廟屬於徙置的神廟。

第二奇，是該廟的歷史已無人知，到一九七九年的八月廿三日，該廟正式開光時，找到一位知道該廟歷史的老街坊，這位老街坊綽號叫醉六，當時已經八十二歲了。

原來該廟是沙咀村的古廟，從前尖沙咀是一條鄉村，一八六〇年後，尖沙咀至界限街一帶已入香港版圖。當時尖沙

1　市政局今已裁撤。

咀雖已發展為洋場，但居民仍信奉此廟，此廟於光緒庚子年（一九〇〇）重修一次，成為洋場中唯一被保留的廟宇。

第三奇，是廟中的靈神保佑坊眾長壽。原來現在每日都有壽星公壽星婆到廟中上香，這些壽星，個個都七十開外，但還精神奕奕。

廟聯是廖烈文所撰，上聯是「共仰福德神威，百載街坊沾惠澤」；下聯是「重新社公廟貌，萬民香火展明煙」。

這間細細的小廟，已有百年的歷史，是尖沙咀區唯一的中國廟宇。

黃大仙廟

黃大仙原在廣州
六六年前遷九龍

　　黃大仙這一間著名的神廟，相信不用介紹它的位置，大家都會知道它坐落何方，如果真的不知道，只要你到地下鐵車站，就可以知道黃大仙在何處。因為，黃大仙站就在黃大仙廟前，乘地下鐵前去，不會迷途。

　　每年農曆八月廿三日，是黃大仙寶誕，年年黃大仙誕例必隆重，很多社會名流都去參加。

　　該廟成立於一九二一年，但很多人不知道該廟成立的歷史，這裏且詳細介紹該廟的歷史，然後才介紹黃大仙。

　　原來在一九二一年之前，黃大仙廟是設在廣州的。廣州的黃大仙廟，已有百年歷史，只因當時廣州的政局非常複雜，差不多由軍閥割據，故每一個軍閥上臺，都隨意頒佈法令，乘機「刮龍」[2]。當時廣州由陳炯明所控制，他突然以「革命者」自居，說要破除迷信，便拆去廟宇築馬路，或拆廟賣地建屋，最主要的，是乘機霸佔廟產。當時很多廟宇遭殃。

　　黃大仙廟在軍閥借破除迷信之名，而實行「刮龍」為實的時代裏，自然也受到影響，但幸得本港紳商李亦梅、譚傑生、梁仁庵、郭述亭、張殿臣、陳柱石、唐麗泉等，把黃大仙接來香港，安奉在

2　粵語謂以不正當手段斂財。

嗇色園內，才使黃大仙的仙蹟，得以惠及香港居民。

　　嗇色園本來是上述幾位紳商的私人修道別墅，在一九二一年初接黃大仙來港之時，並不如今日的全日開放、任人參神，但因後來善信要求入廟參神者日眾，各紳商平日樂善好施，於是就定下開放時間，並將香火收入，撥充善舉，贈醫施藥，周年無間。到了一九五六年九月廿五日正午十二時，由該廟正總理黃允畋，將廟宇的收入，正式交東華三院接管。

紅磡觀音廟

觀音廟能避炸彈
戰亂中確保平安

　　紅磡差館里的觀音廟，是一間奇妙的古廟，因為這間廟在淪陷時期，先後經歷兩次大轟炸，附近的屋宇被炸毀了不少，而它則始終屹立不動，絲毫無損。

　　一九四一年十二月八日凌晨，日軍發動太平洋戰爭，同時向香港進攻。當天早上，日軍派出轟炸機轟炸啟德機場，沿紅磡及土瓜灣落彈，炸毀了不少民居，但觀音廟片瓦無損。

　　一九四三年盟軍轟炸紅磡的船塢，亦炸毀了不少民居，觀音廟前後左右的屋宇被炸毀不少，但它仍然是片瓦無傷，這真是奇蹟。

　　這間廟建於何時已不可考，但廟的門額上「觀音廟」三字的石刻，上有「光緒己丑重修」字樣，說明了它在一八八九年曾重修。重修至今，已一百零八年了，可見其古。

　　觀音廟原為紅磡三約所建，三約是紅磡約、鶴園角約及土瓜灣約。在建廟之初，廟分三座，正座為觀音廟，左為公所，右為書院。現在左邊的公所，改為中醫診所；右邊的書院，闢作紅磡三約街坊會衛生部。

　　廟門有一石刻門聯云：「座上蓮花，饒有西湖三月景；瓶中楊柳，分來南海一枝春。」這是通行的觀音廟的廟聯，沒有甚麼特別之處。

　　公所的門聯，被一塊招牌所遮蓋着，實在是大煞風景。此聯確是好聯：聯中嵌「公所」兩字，聯云：「公道自在人心，公事期

諸公辦；所在無分中外，所行無忝所言。」考一八八九年重建觀音廟時，紅磡與土瓜灣都已經列入香港版圖，故有「所在無分中外」之句。

　　觀音廟內的觀音神壇，裝上了紅色的電燈泡，顯得特別現代化，這是本港各觀音廟所少見的，與沙田大圍車公廟的有霓虹光管，堪稱雙絕。

紅磡福德古廟

紅磡福德古廟
宋末時已建成

香港有很多奇怪的廟宇，像紅磡福德古廟就是一例。

這間廟，以鐵柱為牆、鋅鐵為瓦，但仍然是髹上紅色，維持紅牆綠瓦的規格。只是別的廟宇的瓦，是琉璃瓦，而這間廟的瓦，則是瓦坑鐵而已。

不過，廟中的一座小廟的瓦，仍然是用琉璃瓦建成的。這小廟就是廟中的主神，即是土地。

這間廟在紅磡寶其利街上，是紅磡街坊所立的土地廟。廟內有一對聯，寫着「福蔭街坊安康樂，德澤綿長慶昇平」。據說這間土地廟，有數百年的歷史。

據故老相傳，紅磡和土瓜灣一帶的村落，是宋末建成的。當時宋帝避元兵南下，來到宋王臺一帶居住，有很多宋朝的忠臣義士，舉家隨之而來，就在紅磡與土瓜灣一帶開村，其中有一條村，名二王村。所謂「二王」，是指宋代最末的兩個皇帝。

那此忠臣義士是隨宋帝南來九龍，宋帝在宋王臺附近居住，他們就在附近建村，為表示他們是隨宋末二王南來，是以名為二王村。

後來宋帝為了逃避元兵，乘船出海，因船隻不足，忠臣義士不能隨船而往，乃在紅磡與土瓜灣落籍居住，建了不少村莊，二王村只是其中之一而已。

　　既建村莊，便不能不設社稷之神；土地就是代表社稷的靈神。這一間福德古廟，相傳宋末時就建成，是紅磡各鄉村供奉的福德之神。

　　經過近千年的變遷，紅磡各鄉村，已經變成鬧市，現在已無法找到從前鄉村的痕跡。但無論是原本屬於紅磡三約各村的居民，抑或是新移居紅磡的居民，對這位土地，都維持傳統的供奉。

　　因此當局開發紅磡時，街坊為保留這間廟，曾盡過不少力。後來當局亦順應民意，承認它的合法存在。

慈雲山招利祠

招利祠在慈雲山
從潮州接來香港

有一位從潮州請來的靈神，神廟叫招利祠。祠中的靈神五綹長鬚，手持一把玉葵寶扇；殿上一對殿聯寫着：「招徠群黎納吉慶，利潤蒼生佑增祥。」聯首嵌「招利」二字。

根據祠中牆上嵌着的一塊〈招利張老伯史略〉碑記所載，這位老伯姓張名老蓀，字招利，生於南宋紹興十七年（一一四七）癸卯五月初六日，他曾參加岳家軍，隨岳飛一齊出戰，大破拐子馬於賀蘭山[3]。

他的武功非常高強，又習陰陽之學，不婚而靜修，後來岳飛被秦檜所害，他才從北方逃難到潮州府揭陽縣魚湖都的石埔溪鄉落籍，設帳教學，在地方熱心公益，鄉人稱為善長。

到了崇慶壬申年（一二一二），金兵南下潮州，張老伯在榕江之濱，向天拜禱，願以身保佑鄉里，投江而歿，後來歷次顯靈，使潮州得保安寧。在一次扶乩中，東嶽大帝臨壇，以乩語指示，謂已將招利老伯封為城隍，因此潮州各地，立廟祀奉，名之為招利祠。

本港潮州人迎招利老伯來港，初時設廟於青山，後來招利老伯降壇乩示，謂沙田坳道有一吉地，因此便在沙田坳道現址，建

3　按：岳飛卒於一一四二年，此説疑誤。

了這座招利祠。

　　由此可見，香港的廟，真正是「廟在奇中」。每一間神廟，只要深入了解，詳加考察，就會發現很多奇妙之事。

　　此廟初時在沙田坳道山邊，只是一座草廬式的小廟，由於神靈地靈，善信日眾，踴躍捐資，現在已在舊址對上的山上，築起一座紅牆綠瓦的巍峨大廟來。它的位置，仍在沙田坳道上，離慈雲山警署不遠，乘慈雲山巴士，在總站下車，就可望見它的宏偉的廟貌。

慈雲山慈雲閣

慈雲閣沒有觀音
閣內齋菜第一流

慈雲山上有座慈雲閣，建設得美輪美奐，只看它的門樓就知道它的堂皇華麗。

不要以為慈雲閣內奉祀的一定是觀音大士，慈雲閣不是佛教的山門，而是德教的山門，因此慈雲閣內的廟宇多是道家的神廟。前文介紹過的招利祠，就在這慈雲閣內。

門樓上的一對門聯寫着：「慈慧寶門開諸天境界，雲山臺閣望匝地風光。」到這閣上，的確使你大開眼界，而且可以看到香港和九龍一衣帶水的風光，因為閣上面對北角，好像港島就在慈雲閣下面一樣。沿石級經過門樓上去，沿途都有很多精緻的羅漢松盆栽，這些羅漢松都修剪成各種形狀，而在羅漢松之間，則栽有扁柏樹，使人有松柏長青之感。

很多人以為慈雲山上的觀音廟，有齋菜供應給遊客，因為新界很多廟宇寺觀，都長期有齋菜給遊人品嘗，故以為這一座慈雲閣，也一定有齋菜供應，而不知它是沒有齋菜供應的。遊人可以到閣上遊覽，但閣上並沒有食堂供應齋菜。

但是亦有例外，例如你有朋友和閣中的主事人相熟，預先約好，亦可以請該處的廚師製一桌精美的齋菜的。據說慈雲閣的齋，與別不同，在港九眾多的齋筵中，屬於上品。

慈雲閣和慈雲山觀音廟比較，觀音廟的歷史較老，慈雲閣則十分年青，建成不過十多年，但是它的建設，則較觀音廟華麗。

閣內除了有幾座神廟之外，並有亭臺樓閣，更有一座露天的大平臺，供遊人望海景之用，堪稱一座廟宇式的花園。每逢假日，很多人拖男帶女來遊玩，使它成為慈雲山區一處康樂活動之所。

慈雲山法藏寺

法藏寺在慈雲山
命名意義有禪機

法藏寺在慈雲山，是本港一家著名的佛寺，該寺的最大特色，是一對鐵門。鐵門髹上紅色的漆油，門外有鐵板，上寫「法藏寺」三個大字，它的位置在登飛鵝嶺的一條汽車小路的入口處。

進入法藏寺大門，是一條長廊，經過長廊，然後才到寺內的大殿，寺內供奉佛祖及羅漢。

每年四月初八浴佛節，法藏寺都吸引許多港九善信到來參禪，自晨早六時起，即絡繹不絕。寺內的齋菜，亦頗有名，很多善信，都欣賞寺內香積廚巧手炮製的素菜。

這間佛門，何以名為「法藏」呢？在和一位大師交談的時候，才知道「法藏」兩字，蘊藏着很多禪機，而且其中也有一段佛教的故事。

原來，根據佛經所載，佛法內藏有無可限量的德性，故名「法藏」，《無量壽經》有一句云：「行使方便，入佛法藏，覺登彼岸。」意思就是說，佛祖的佛法，深藏萬般真理，我們能夠進入佛法裏面去，接受佛法所藏的真理，就可以到達彼岸，這是此間寺廟為法藏寺的原因之一。

另外有一位法藏大師，他是唐朝人，由康居國進入唐朝京城長安（即今之西安）；當時武則天對他極為尊敬，請他到宮廷內講述《華嚴經》。他在講經的時候，忽然口中吐出一道白光，這道白

光在他的頭上繞了一圈，武則天知他是有道的高僧，賜他一個封號，名為「賢首」，所以又稱「賢首法藏大師」。

關於這位大師的故事很多，其中一個故事，是說他在殿上指着殿階前的一對金獅子說法，武則天看到這金獅子栩栩如生，大為驚服。

他在唐明皇先天元年（七二一）圓寂於長安大薦福寺內，唐明皇贈他鴻臚卿。佛教中人，宗他為華嚴三祖，這是法藏大師的故事。法藏寺就是取義於上述兩事而命名，足見本港的寺廟，對於命名，亦有研究。

慈雲山太陰娘娘廟

港人為月亮立廟
太陰娘娘是嫦娥

港人每逢農曆八月十五，都有賞月的習慣；拜神的人，於中秋節晚上，亦必對月上香，燒元寶以拜祭。

拜祭月亮的風俗，已有數千年歷史；三國時貂蟬拜月，傳為佳話，可見這種風俗由來已久。

但是拜月雖然成為風俗習慣，為月亮建立神廟，似乎不多見，想不到此時此地，也有人為月亮而建一座廟。

這座廟名叫太陰娘娘廟。月亮古稱太陰，與日稱為太陽一樣道理。日光猛烈，故太陽神是一位男人；月亮光線柔和，如一女子，故太陰是女子，稱太陰娘娘。

相傳月亮的主人是嫦娥，太陰娘娘當然就是嫦娥了。原來嫦娥是古時神箭手后羿的妻子，據說古時天上有很多個太陽，后羿認為太陽太多，對人類無益，於是扳弓射箭，將其他的太陽射落，只留一個。後來后羿向西王母娘娘求得仙丹，準備自己成仙，嫦娥覺得他太自私，他若升仙，豈非留下自己在凡間做寡母婆？與其自己做寡婦，不如他做寡佬好過，因此偷了仙丹服下。后羿知道了，大怒，要將嫦娥射死，嫦娥因此飛往月亮，在廣寒宮內居住，因而成為太陰娘娘；此乃太陰娘娘的來歷。

太陰娘娘廟，位於慈雲山觀音廟的一條山路旁邊，這間太陰娘娘廟，原址在東頭村附近，後因拆遷，才遷到慈雲山上來。

廟前有一塊石碑，上書「司空無極太陰娘娘碑」，立碑日期是

一九七三年歲次癸丑四月初五日，可見是七三年才遷來建成的。

　　殿前有大幅金絲刺繡橫額，繡了「太陰娘娘」四個大字。

　　殿聯云：「無極太陰，保黎民如愛赤子；慈雲普照，萬家得蔭謝神恩。」該處山明水秀，風景極佳。

慈雲山西竺林苑

慈雲山下禪林多
西竺林苑有來頭

　　慈雲山是九龍區最多廟寺禪院的地區。慈雲山上有座觀音古廟，上面又有飛鵝嶺（飛鵝即天鵝，是仙家的靈禽），有堪輿師認為，這是慈雲山能吸引儒釋道三家高士聚會的原因。所以在慈雲山一帶，最多禪院與寺觀。

　　西竺林苑也在慈雲山，這一座靜室，非常幽雅，門前兩邊，種滿花草樹木，環境十分幽美。

　　考「西竺」兩字，源出《佛祖統紀》，該書第五十三條曰：「西竺求法，東土譯經。」西竺亦即天竺之意。天竺就是現時的印度，因為印度的英文為 India，而古代印度的讀音，則為 in-do，故此第一音，依唐時的語音，可譯為「天」，亦可譯為「西」；第二音可譯為「竺」，亦可譯為「毒」。因而很多古書對印度的稱呼不一，有稱「天竺」，有稱「西竺」，有稱「天毒」。還有很多譯名，不再細表。

　　佛祖生於印度，佛經本來是用印度文寫成的，故此歷代的高僧，都到印度去求經。求經即是求法，因佛法盡寫在經書內。

　　根據唐朝高僧義淨禪師所寫的《大唐西域求法高僧傳》所載，自唐朝開國以來，已有六十五名高僧到印度求法。這就是上引《佛祖統紀》所稱「西竺求法」的本義。由於佛語用印度的梵文寫成，故求得佛經，係在東土翻譯，譯成中國文字。

　　由於印度是在中國之西，所以中國稱為「東土」，印度稱為

「西竺」。

考「西竺」傳法祖師，自摩訶迦葉菩薩至菩提達摩菩薩，共二十八代，稱為「西竺四七」，又稱「禪宗四七」，四七即二十八。

中國禪宗六傳至六祖慧能，因此又有「東土二三」之稱，二三如六，表示六傳至六祖。以上所言屬於佛偈，只用以說明西竺林苑的命名，大有來歷。

九龍城侯王廟

侯王廟內有奇匾
指示將軍捉大盜

九龍城的侯王古廟，相信好多人都曾去過，不必細表。但是這間廟的歷史，相信並非人人知道。先講從前的侯王廟的廟道。

在戰前九龍城的城牆未被拆去之前，城牆西有一條路直上侯王廟，此路稱為廟道。在廟道之外，有一牌坊，上寫「鶴嶺鍾靈」四字，因為侯王廟所在的地方，名叫白鶴山，故有鶴嶺之稱。

現在這條廟道，已被拆去，嘉林邊道已成為唯一登廟的廟道。

此廟於道光二年（一八二二）重修一次，咸豐九年（一八五九）又重修一次，光緒五年（一八七九）又重修一次，可見其歷史悠久。

廟中有幾塊碑，記述侯王的為人，因碑文太長，不能盡錄。但廟中有一奇匾，匾上有「折洋鋤盜」四個大字，是光緒十四年（一八八八）由大鵬協副將何長清所送。大鵬協副將這個官職，相當於今日的旅長，係當時駐守九龍城寨的武官。

原來當時有一個劇盜，綽號「花旦滿」，橫行九龍、香港一帶，身為九龍城武官的何長清，出盡方法亦無法捉得此人，於是到侯王廟來求籤，請示捉拿花旦滿之法；籤中所述的事蹟是「三寶太監下西洋」。

何長清一想，「西洋」二字，不是指澳門麼？因為葡人又稱西洋人，於是派千總賴因芬到澳門偵查，果然查知花旦滿做完世界之後，便到澳門去嘆世界，當下知會澳門葡方，合力將花旦滿捉

住，押返九龍城來正法。這個牌匾，上寫「折洋鋤盜」，即是此意。

　　廟中這一塊奇匾，現已古舊非常，但字跡仍然可辨，可見香港的廟，都有很多奇事，需要去發掘，才知道「廟在奇中」，及妙在其中。

鑽石山志蓮淨苑

志蓮苑解脫門
可使人除煩惱

鑽石山斧山道附近，有一座寺廟，非常的奇特。寺廟的門內，有一座牌坊，上書「入解脫門」四個大字，兩旁有對聯，頗有警世之意。

聯云：「來到志蓮，豈可甘為門外漢；超生極樂，何須來作世間人。」

這是一座少人知道的大叢林，它的名字叫志蓮淨苑，位於鑽石山。

說它是一座大叢林，是因為它的面積非常廣闊，而且裏面有很多建築物，這些建築物，包括一座老吾老的安老院及一座幼吾幼的幼兒園，自然還有三寶佛殿。此外茂林修竹，亭臺樓閣，無所不備，更有很多古樹和奇花異卉。

「入解脫門」的牌坊，旁有辛卯重修的字樣。辛卯是一九五一年，可見重修志蓮淨苑至今，已三十多年了。題詞的是一位高僧，名叫顯慈，他的字寫得十分灑脫。

解脫係佛學中一種高深的哲理，但亦可以用通俗的方法解釋的。

解脫即係解除一切煩惱之謂，但係一個人如何能解除一切煩惱呢？佛祖認為，解除一切煩惱之法，就係「由戒生定，由定生慧，由慧而得解脫」。

所謂由戒生定，即係話一個人，將不良的習慣戒除，那時心中就自然安定好多，一個人安定了，就自然產生一種智慧，即係話：「乜都睇到化晒，既然乜都睇化，就可以解除一切煩惱。」

　　到志蓮淨苑去，入解脱門，確有解除一切煩惱的好處，因為裏面清淨得使人有出塵之想。裏面的安老院中，住有很多壽星公壽星婆，他們對筆者説出「解脱」之道，認為進來修養，真的是很容易乜都睇到化，因此身心舒泰，不再有煩惱纏住自己。屬於火麒麟一類的人物，到此一遊，誠心向佛，當會有所領悟。

鑽石山多寶佛塔

鑽石山多寶佛塔
內供七位如來佛

多寶佛塔是一座七級浮圖，但這不是可以登臨的塔，而是一座神廟，裏面供奉七位如來佛。

塔內沒有樓梯，故此不能登臨塔上，有別於一些文塔或魁星塔。塔內是通心的，直通到頂，在塔內的正中央處，安奉了一條七面佛柱，七位如來佛，就各在七面柱的每一面上。

這七位如來佛，說來亦頗為奇特。第一位為南無多寶如來；第二位是南無阿彌陀如來；第三位是南無甘露天如來；第四位是南無離怖畏如來；第五位是南無廣博身如來；第六位是南無妙色身如來；第七位是南無寶勝如來。

七位如來，以多寶如來為首，所以這塔名為多寶佛塔，以塔的形式，作為供奉如來的寺廟。內設香爐，早晚有善信上香。

多寶佛塔大有來頭。歡喜寫字的人，相信都知道顏真卿有一篇〈多寶塔碑〉，這一塊碑，就是為記述唐朝建多寶佛塔的緣起。

原來，唐朝長安有一位高僧，法號楚金，他在千福寺內誦經，忽覺一座多寶佛塔經常浮現於眼前，因此便籌備在千福寺內，建一座多寶佛塔。經過六年時間，將塔建成，請大文豪岑勛撰文，請大書法家顏真卿寫字，立一碑於塔內，這就是〈多寶塔碑〉的由來。當時楚金法師寫《蓮華經》一千部作為鎮塔之寶。《蓮華經》即是《蓮花經》。

多寶佛塔在鑽石山的志蓮苑之內，就是仿照西安千福寺的唐

代多寶佛塔的形式建成，雖然不及千福寺的大規模，但是外形卻相差不遠。到該處去一遊，除有出塵之想外，並能發思古之幽情。

宋城二郎神廟

此廟不設香油箱
參神先購入場券

香港有一間二郎神廟，如果入廟參神的話，要買入場券。這是本港唯一要收入場券的廟宇，也是全港最奇的廟宇之一，未去過的人或者會不相信。

這間廟有很多奇特的地方。

第一，廟內廟外，常有穿古裝的人進出；參神的人，也是穿古裝的。這些穿古裝的人入廟拜神，不必購買入場券，而且還有薪水支。

第二，到廟裏去的穿時裝的人，固然先購入場券才能進入廟內，同時，進廟後很少去拜神，其中還有很多「老番」[4] 進去，但他們很少會參神叩拜。

第三，這間廟是唯一不設簽香油的廟宇。

香港的廟宇，大部分由華人廟宇委員會管理，故凡所屬各廟，都設一個香油箱，參神者可隨緣樂助。但這一間二郎神廟則不屬華人廟宇委員會所管，既不設香油箱，也不設簽香油。事實上，到廟中參神的人只是參觀，並不叩拜。

二郎神即是楊戩，《封神演義》那本小說描寫他有三隻眼睛，帶着一隻哮天犬，是中國唯一帶着警犬巡視天上人間的神，他應

4　粵語謂外國人。

該是警犬組的祖師爺，歡喜賭狗的人，應該去向他祈福，說不定三穿七會常中的。

據湯顯祖全集記載，二郎神實在是一位戲劇祖師，稱為清源祖師；粵劇的祖師華光師父，其實就是二郎神。

宋城在興建的時候，考證宋朝已有二郎神廟，因此在建造宋城時，也建一間二郎神廟。由於廟在宋城中，故此到這間廟去參觀，就得要買入場券先入宋城，然後才能到廟裏去，故謂此神廟是全港唯一要入場券的神廟。

孔安道圖書館獲街坊支持已世界知名

香港上海

香港

洪聖街和鴨脷洲

香港街坊志

香港街坊志

香港淪陷時期用土紙印刷的小說

港滬雙城展展品多

唯一趣報有所謂

1922年報紙每份由三仙加至五仙

華商總會報

灣仔玉虛宮

筲箕灣譚公廟

筲箕灣天后廟

荷李活道文武廟

筲箕灣天后廟

最美麗天后娘娘
在筲箕灣古廟內

最美麗的天后娘娘神像，你知道是在哪一間天后廟內嗎？一位研究香港廟宇的專家，他曾經到過所有的天后廟去，他認為，最美麗的天后神像，是在筲箕灣的天后廟內。

對廟宇沒有研究的人，以為神像是千篇一律的，每一位神，都是一樣相貌。其實深入了解，就知道不是這麼簡單。

原來，神像是由精於雕塑神像的工匠虔製，而每個工匠的藝術修養各有不同。藝術水準高的，雕塑得特別優美，是以細心研究，是有分別的。專家認為，最美麗的天后娘娘，是筲箕灣那一位。

筲箕灣天后廟，亦有可述的奇趣歷史。原來這間廟，建於同治壬申年（一八七二），建成之後，不到三年，香港突然遭逢一次歷史上最大的風災，這就是著名的同治甲戌風災，當時颶風橫掃港海，死人無數，筲箕灣這間天后廟，也被摧毀，成間塌了下來。

不過，計算起來，筲箕灣的損失最少，坊眾認為，這是天后娘娘以身保護坊眾，所以廟毀，神像亦破碎，因此籌款重建這座天后廟。

同治甲戌是一八七四年，當時建廟值理，特地到佛山去，以重金請一位名家，為天后娘娘塑像。這間廟於光緒二年冬天重建開光，光緒二年是一八七六年，即用了兩年的時間建成。由於神像是名家所塑，故此特別莊嚴美麗。

廟內現仍嵌有南海人潘藜閣所撰的〈天后古廟重修碑記〉。文

中有句云：「創始自壬申，繼遭風於甲戌。覩茲棟宇，盡屬荒涼；獨視几筵，又經摧毀。抑知各共一心，蚨錢爭擲；工興數月，鳳闕新成。」足證該廟曾在一八七四年遭風災後重建。

筲箕灣譚公廟

譚公不是小孩子
原名譚峭惠東人

　　九龍有一條譚公道，這條街道本來有一間譚公廟的，據說在香港淪陷時期已經坍毀；現在本港最古的一座譚公廟，是在筲箕灣。根據廟中的碑記，知道該廟建於光緒卅一年歲次乙巳，即一九○五年。

　　廟內的譚公神像，看上去十分年青，像一位小孩子，故一位研究本港廟宇的西人，稱之為「小童之神」。其實小孩子又怎能以「公」稱之呢？神像雕塑成如此年青，只表示他長春不老；因為譚公永遠都係十二三歲的孩子。他能治病救人，又能預測天氣，經常到漁村來幫助漁民，故得漁民信仰。

　　考譚公原名譚峭，是元朝時的歸善人，十二歲就得道。歸善是今日惠東漁船和商船集中的地方，他在惠東經常幫助漁民和船家預測天氣及治療疾病。由於他練成長生不老之術，是以雖七老八十，仍然像個小孩子一般，因此人們設廟供奉他時，仍將他的樣貌雕塑成小孩子一樣。

　　在天后廟未普遍時，譚公是代表海上安全之神，是以他的廟宇，雖不及天后廟之多，但在沿海也不少。

　　本港的漁民，有很多是來自惠州的，因此他們既拜天后，亦拜譚公。除本港有譚公廟外，澳門的路環，也有譚公廟。

　　澳門路環的譚公廟，歷史較香港的為古。

　　譚公在道家中，稱為紫霄真人。道家中的譚公神像，並不是

小孩子模樣，而是道長打扮。考其原因，是譚峭著有一本道家的經典著作，名叫《化書》，這本《化書》講述成仙之道。道教以真人為得道的稱呼，故此把他的神像作真人打扮，與譚公廟的譚公不同。

　　譚公廟的譚公，是由漁民憶述他的容貌而刻成，故接近於傳真。

淺水灣望海觀音

望海觀音不在廟
保泳客水陸平安

　　有一位初次來港的美國學者，到淺水灣去觀光，看見拯溺會古色古香的建築物，以及會址門前的巨型神像，對筆者說：「為甚麼這裏的神廟神像不安奉在廟內，卻安奉在廟外？」

　　事實上，遠遠望去，淺水灣的拯溺會前面的三尊神像，以及該處的中國式的建築物，真會懷疑神像為甚麼不安奉在廟內。當然，這位美國學者走近「廟」前，便知道是甚麼回事，這真是一件妙在其中的事情。

　　淺水灣除了是港人的泳灘之外，也是本港的旅遊區，外國遊客都會到此一遊，因此沙灘上撥出一部分地區作為遊覽區，並在該處立了三尊巨型神像——一尊是河伯、一尊是天后、一尊是望海觀音。

　　這三尊神像，雖然不屬於廟內的神像，但在揭幕的時候，曾經過開光。

　　開光的意義，即是說：這雖然是藝術家所塑的石像，但經過開光之後，神靈即附在其上，成為一位真神。醒獅和金龍也有開光的儀式，在開光時，用硃筆加以點睛，即表示這一獅一龍，栩栩如生，有真神附上。

　　說也奇怪，自從立了這三尊神像之後，淺水灣上的游泳人士，遇溺的逐年減少，善男信女都說，是神靈保佑之故。

　　望海觀音是一位保護水陸平安的神，故能發揮精神作用，使

泳客在游泳時格外留神，因此遇溺的人數能逐年減少。

神像前雖然不設香爐，但時常都有香枝插在罐上，顯見有不少善信，都來拜這座望海觀音。

照所知，每逢觀音誕，早上就有漁民乘船來這裏賀誕，還有一隊醒獅，到神前來叩頭，祝賀一番。天后誕也是一樣，來拜天后，一定兼拜河伯和觀音的。

掃管笏天后廟

路邊迷你天后廟
歷盡滄桑三百年

港九新界有很多「迷你」天后廟，所謂「迷你」，並非細到不能入內參神，只是比起其他的天后廟，顯得其細小而已。

掃管笏路邊有一座小廟，可說是「迷你」天后廟。全廟的面積，只得二百三十七呎，和一間鄉村小屋一模一樣。

這間廟，相傳已有三百年歷史，在清初之時已建成，由掃管笏村和附近的青龍頭、屯門等鄉人集資興建的。

查清初因鄭成功在臺灣企圖反清復明，清帝為杜絕沿海居民接濟鄭成功，實行遷海政策。這種政策是非常殘酷的，辦法是強迫沿海鄉村的鄉人遷入內地，所有沿海鄉村，盡行燒燬，在若干山上，設立烽火臺，派兵駐守，若見鄭成功的船隻進來，就放出煙火信號，調集水陸清兵圍攻。

當時新界地方，全部在遷海界內，故此很多鄉村被迫燒燬，村民扶老攜幼，入內地避亂。

掃管笏村當時亦被迫遷徙，鄉人流入內地。清兵來到，本來要燒村，但因該村近海，又近屯門（屯門上的青山，當時是哨站），因此沒有燒村。清兵就以這座天后廟為大本營，在對面的海邊，設立木樁以為防守之用。

後來廣東巡撫王來任，上奏清帝康熙，請求放棄遷海政策，掃管笏村民，才從內地回來。

他們看見別的鄉村的屋宇被燒光，本村屋宇則大都保存，再

見天后廟被清兵用作辦公之所，認為此乃天后神恩所賜，因此重修這間廟，一直保留到現在。

　　屯門高速公路開闢時，設計藍圖的工程師，也知道這間小廟的歷史價值，故此保留這廟，不將公路擴闊到廟址之上。可見有時一間小廟，香火看似平平，而神恩則是浩蕩。古語云：「大廟有靈，細廟有準。」誠非虛語。

堅拿道東拜神婆

木箱當作神廟
打小人及喊驚

用一個蘋果木箱，作為一間小廟，相信很少人會注意到。其實這種小廟很多，港九都有，不過並非天天見得到，只有在「除日」那一天的傍晚時分才容易見到。

甚麼叫「除日」呢？這是指《通勝》上的「日腳」而言。

《通勝》上在當天的日子之下，除了寫上當日的干支之外，下面另有兩字。第一字是當日的星宿；第二字就是當日的「日腳」。

例如庚申年年初一，通書上寫着「初一己未火女執」。「己未」是年初一的干支紀日；「火」是當日五行屬火；「女」是女星當值；「執」就是當日的日腳。

古時沒有「星期」的叫法，但實際已經有這種制度，就是將二十八宿，分為四組，每組七個星宿當值，凡「女、胃、柳、氐」四星宿之日，都是星期六。至於「除日」，即表示除舊佈新。凡屬除日，都宜掃除及祭祀。所以到了《通勝》上的日腳有個「除」字那一天，特別多人拜神，表示將惡運除去，以行好運。

灣仔堅拿道東的路邊，每逢到了這「除日」的晚上，便有很多拜神婆，用個木箱作為神廟，在箱前放兩個香爐，等待來拜神的人光顧。

原來，她們是替人在這個木箱前做禳解的工夫，凡有疾病的可以消災解難，運程不好的，可以轉運，俗稱「打小人」和「喊

驚」。因運程不好，多由於有人阻梗，故在神前用鞋底把小人打走；疾病纏身，據說是由於魂魄離開身體，因此要「喊」他回來，故叫「喊驚」。

據拜神婆說，木箱之內並沒有甚麼神位安奉，它只是象徵一間廟宇而已，所謂「敬如在」，就是說，拜神的時候，神就在其中。每當「除日」的傍晚，該處都很熱鬧。

卑利街伯公廟

瞓梯底羽化升仙
伯公誕在中秋夜

每年八月十五中秋節，中環卑利街近士丹頓街的部分，一定張燈結綵，搭起一個牌樓，上面掛起一個大彩牌，上寫「伯公老爺千秋寶誕」。可見街坊並非慶祝中秋節，而是為一間小廟的菩薩恭祝寶誕。

原來卑利街的石級旁邊，有一座非常細的小廟，安奉的是一位叫伯公老爺的神。這間廟雖細，安奉的卻是附近街坊最信奉的神。

說起這位伯公老爺，他是一位奇人。在光緒年間，他本來是伊利近街一處樓梯底的住客。瞓樓梯底的人，富貴極亦有限，何以竟然會被街坊奉為神仙？

原來這位伯公雖然瞓樓梯底，卻是一位熱心公益的人，他替街坊服務，例如有「鼠摸」[5]走來偷嘢，好少走得甩；他又精通醫術，精醫奇難雜症，不少三山五嶽人馬有刀傷跌打，都來請他醫治。故此附近治安非常良好，街坊也知道是得力於他。由於人人叫他做伯公，沒有人知道他姓甚名誰。

光緒末年，有一個八月十五中秋夜，他忽然盤膝打坐，坐在樓梯口。街坊經過見他有如一座佛似的坐着不動，便問他中秋節為甚

5　粵語謂小偷。

麼不去看煙花（當時香港並不禁燒煙花，中秋夜是放煙花的）。但叫他不應，推他不動，後來方知他已死去。於是街坊認為他坐化升仙，便在他坐化之處建一間三呎高的小廟祀奉，稱伯公老爺。

小廟原在伊利近街，十年前因伊利近街樓宇改建洋樓，街坊要求政府保留小廟，便將小廟遷到卑利街石級下的路旁，這就是今日的伯公廟了。

每年中秋節是他的寶誕，街坊例必賀誕一番。

銅鑼灣岳王古廟

西式門樓和鐵閘
岳王靈聖保街坊

　　銅鑼灣岳王古廟，無論從任何角度看，都似一座花園別墅。它的門樓，是三合土建築，沒有古廟的紅牆綠瓦；它的鐵閘，也是新潮的。如果門上不是有斗大的「岳王古廟」四字，你會不相信這是一座古廟。

　　但這座廟並非由花園別墅改建而成。在戰前已有這間廟，但當時這間廟是在路邊一座高臺之處，還未有前面的門樓，善信參神，要走一段小小的斜路和石級，才能到達高臺之上。

　　後來由於建築馬路，及該區開始發展，為了維護古廟，才在路邊建築石牆，以及建門樓加以關攔，當時因倉卒建築，沒有加以設計，是以建成這一座西式的門樓。

　　岳王古廟所安奉的當然是岳飛。岳飛精忠報國，力保南宋江山，後為秦檜用十二道金牌召他回朝把他殺害。其後宋朝滅亡，人民為思念這位忠臣，便在全國各地建廟祀奉。初時民間只是偷偷地拜他，後來元朝滅亡，明太祖登位，各地便大建岳王廟，正式將岳飛作為神靈來奉祀。

　　香港當然不會例外。各地都有岳王廟，香港豈能無？這座岳王古廟在銅鑼灣差館附近，門樓雖然是西式和西化的，但是經過門樓，到達廟門口，便見到一座古色古香的廟宇。

　　由於這間古廟在銅鑼灣警署鄰近，而岳王又是位精忠報國的靈神，故此不少警務人員都信奉他，每逢岳王神誕，都會到廟中

去賀誕上香。

　　據街坊説，岳王很靈驗，附近的街道，治安最為良好，甚少有打劫和搶掠等事發生。

灣仔望海觀音廟

望海觀音不望海
百年香港見滄桑

　　望海觀音廟，在灣仔大道東洪聖古廟側。這間廟，現在望不見海了。因為灣仔的海旁道，已在灣仔碼頭那邊，不過正因有這一間望海觀音廟，便足以說明，在本港開埠之初，灣仔大道東本來就是海邊，這間廟建於海邊，故名望海觀音廟。

　　這間廟建於何時已無可考，只知重修於一八六二年，就是說，重修之後，距今亦已百多年。

　　觀世音是最多化身的，據佛經所載，觀世音之姓名如下：《法華經》云：「苦惱眾生，一心稱名，菩薩即時觀其音，皆得解脫。以是名觀世音。」就是說，這一位菩薩，凡聲音可到之處，就會出現，打救世人。只要你口中唸「大慈大悲觀世音菩薩」，菩薩聽到你叫他的名字，他就會到來，為你解除苦惱。故此觀世音有千萬個化身，可應任何人的呼召。

　　香港未開埠前，是漁民聚居之地。漁民出海捕魚，常遇風浪，在風高浪急之時，求神打救，有人求天后娘娘，有人求洪聖大王，自然亦有人求觀世音菩薩。得救之人，為酬謝神恩，建廟於海邊供奉，故此香港有很多的天后廟、洪聖大王廟和觀音廟。其中望海觀音，更加是漁民所建立的，因為觀音望海而知海潮之音，隨時打救在風浪中掙扎的漁民。

　　望海觀音神像一定是坐蓮花的，因為蓮花能浮於水面，永不

下沉；同時亦係觀世音的法花，用這朵花來渡慈航，拯救溺於水深火熱中的苦難者。灣仔的望海觀音廟的觀世音神像，亦是坐蓮花的，面向北方，因為廟的地勢是坐南向北，而北面是海。觀音手持淨瓶，上插楊枝甘露，故廟前的對聯，有「座上蓮花」及「瓶中楊柳」之句。

三元宮創於三國
供奉天地水三神

灣仔三元宮

　　香港有很多廟，在廟內另設一三元宮，這是常見的現象，因為香港地少人多，地皮矜貴，不能不如此，否則滿天神佛，便無處藏身。

　　三元宮，很多人以為是上元、中元、下元之神，故稱三元，其實不是。

　　三元宮內的三位神，是天神、水神、地神。三元宮之設，講出來亦有一件奇趣的故事。

　　查東漢末年，有一位道長名叫張角，專替人消災治病。他消災治病的方法，是將病人的姓名、地址、年歲寫了三份，一份上於天，一份下於地，一份沉於水。他說，天上有天神，地下有地神，水中有水神，這三份文書，送交三神，自然得到三神的保佑，可以消災解難。請他消災解難的人，必須捐米五斗，因此當時稱張道長的那一派為五斗米道。他把捐來的米，變為金錢，建一座三元宮，這是三元宮興建之始。

　　廣東最先設三元宮的地方是廣州。《南海百詠續編》有詩詠之，詩曰：「淺壁稠青拂不開，紅棉花裏現樓臺。胡麻一飯清泉界，為訪長春燕九來。」廣州的三元宮，供奉長春真人邱處機，故有「為訪長春燕九來」之句。

　　香港的三元宮，是以東漢末年張角的制度而設，故神殿上，供奉三位神像，三位神像就是天神、地神、水神。

　　香港從前是漁民聚居之處，漁民謀生，靠天時、地利，以及

水不揚波，所以都拜這三位神。但是，若專建一廟而供奉三元之神，財力人力有限，因此多將三神附設於各廟的偏殿之處，但仍稱三元宮。

港九各廟附設三元宮的很多，不能盡錄。灣仔的三元宮附設於灣仔石水渠街三寶殿內；三寶殿在玉虛宮之鄰。

該廟建於同治年間，至今已有百多年的歷史。

灣仔玉虛宮

南方人何以拜北帝
說起來是妙在奇中

　　玉虛宮是北帝廟的別稱。香港除長洲的北帝廟外，灣仔也有一間北帝廟，叫做玉虛宮。

　　該廟廟聯寫着：「環地闢玄宮，萬載威靈敷異域；星垣昭法界，千秋德澤蔭群生。」上聯側有「同治元年歲次壬戌重建」，表示此廟重建於一八六二年，距今已有百餘年歷史。

　　北帝全銜為「北方真武玄天上帝」，香港在南方，何以南方的人，要拜北方的神？這件奇事，不能不考究一下。

　　南人拜北神，並非在香港開始。廣東最先設北帝廟的，是佛山。佛山的北帝廟，稱為「祖廟」，意指此乃北帝廟之始祖，故此要研究南人拜北帝之奇妙原因，要從祖廟入手。

　　《廣東新語》載：「吾粵名真武宮，以南海佛山鎮之祠為大，稱曰祖廟。其像被髮不冠，服帝服而建玄旗，一金劍豎前，一龜一蛇蟠結左右。」蓋《天官書》所稱：「北宮黑帝，其稱玄武者也。或即漢高祖所始祀者也。粵人祀赤帝並祀黑帝，蓋以黑帝位居北極，而司命南溟，南溟之水生於北極，北極為源而南溟為委，祀赤帝者以其治水之委，祀黑帝者以其司水之源也。」

　　原來南方人拜北帝，係因為南方的水，係由北方流來。廣東人依水謀生，靠水搵食，所以既拜南海洪聖大王（赤帝），又要拜北方真武玄天上帝（黑帝），因為北帝位於水源之上，祭祀祂，希望祂控制水源，好好地流到南方，一怕冇，二怕多，總之水源充

足，啱啱夠就五穀豐登，魚蝦大順，這就是南人拜北神的原因。說出來奇中有妙，妙中有奇。

漢高祖斬白蛇起義，相傳始拜北帝的人，是漢高祖。究竟是不是漢高祖發起拜北帝，因無可考，故從《廣東新語》之說，信不信由你。

灣仔包公廟

包青天廟在灣仔
大人原是黑面神

香港有間包青天廟，相信很少人知道。因為包青天廟係附設於玉虛宮偏殿之內，自成一殿，如非深入考察，不容易發現該廟所在。

以前，電視劇集有《包青天》，演的是包公夜審郭槐，以及破奇案的故事。可見包青天本身是一位奇人，以奇人立廟，自然也就「廟在奇中」。

查包青天原名包拯，字希仁，宋仁宗時人。宋仁宗知他廉正忠直，授龍圖閣直學士，因此世人稱之為包龍圖，歷任開封府知府。宋朝以開封為首都，是以他這個知府，等於今日的首都市市長。

他生平最憎官吏貪污，皇親國戚貪污，一律照打。他曾經奉旨出巡全國各地，破了很多冤案，因此各地人民，認為他有鎮壓牛鬼蛇神、保護忠良之力。在他生前，很多地方都建生祠供奉他；他死後，更加順理成章被供奉為神，這是包公廟的由來。

香港的包公廟，建於港島石水渠街玉虛宮偏殿，是同治元年（一八六二）所建。

當時香港貪污之風甚盛，常有不少冤案發生，坊眾供奉包青天於玉虛宮偏殿，亦含有借助包大人之力，鎮壓那些酷吏之意。不知是否事有湊巧，當年香港出現了一位檢察官，名叫安士迪，專與貪官作對，平反了不少冤案。那些獲得洗脫罪名的無辜者，在伸冤之前，都來拜過包大人的。是以人們認為包大人有靈，故廟中香火甚盛。

　　殿上的包公神像，面黑如炭，身穿黃袍，殿上全部配以古色古香的帳幔，正中有「包公丞相」橫織錦帳額，兩旁各有長旂，繡上「龍圖學士包公丞相」八字。

　　因包公正直不貪，拜包公的善信，多以清香一炷，不備其他祭品。

灣仔龍母殿

龍母養龍為樂
拒婚成神治水

龍母殿在灣仔石水渠街上，建於同治元年，歲次壬戌，即一八六二年。距今已有百多年的歷史。

香港人建龍母廟奉龍母為神，原因是龍母係一位管理「掘尾龍」[6]之神；供奉此神，可免風災及山洪暴發。當年灣仔大道東，是最先開發之區，因依山而建屋，常於豪雨後受山泥傾瀉之苦，因此供奉龍母以保佑街坊。

龍母本身是一位奇人，據屈大均《廣東新語》所載，龍母本是一位靚女，她被人稱為龍母，是因為她會養龍。古有豢龍氏，龍母就是豢龍氏的後人，以養龍為樂，本姓蒲。秦始皇聽見廣東有位蒲小姐，又靚又會養龍，於是遣使者帶備厚禮，來迎接她往後宮作妃子。秦皇霸道，鄉人不敢反抗，蒲小姐只好隨使者而行，乘船上廣西然後取道北上。誰知她坐的船去到梧州，卻被龍引船而回，使者不知是龍引水使船回航，以為是船伕作怪，下令由兵士划船，因此觸怒了所養之龍，興風作浪，致船翻人亡。後來發現龍母的屍體在江北岸邊，便將她葬在山上，誰知自此之後，西江即年年洪水氾濫，洪水淹沒四周，整條西江都成黃泥水，濁不見底，只有龍母墓前的地方，水清見底，因此認為神異，便建龍

6　粵語謂斷了尾巴的龍，能招風雨。

母廟於江邊。

這一間龍母廟，就是悅城龍母廟；悅城在西江，離肇慶不遠。

戰前，每逢五月初八悅城龍母誕前幾天，本港即有專船載客往悅城龍母廟賀誕，其情形非常熱鬧。賀誕專船有如現在的旅行團，包來回船費及膳食費，住宿則在船上；船隻多屬花尾大渡。

戰後無此種專船，善男信女，唯有到了五月初八神誕之期，到灣仔石水渠街龍母殿去賀誕，上香拜禱而已。

灣仔三寶殿

無事不登三寶殿
殿上三佛有來由

　　三寶殿供奉的是三寶佛，據一智大師來信指示，說廣東人多誤解三寶佛是佛，其實三寶就是三寶。這三寶即佛寶、法寶、僧寶是也。可見研究本港寺廟之道，確實是學海無涯、學之不盡，相信有心人亦有同感。

　　本港很多寺廟都有三寶大殿，殿上安奉三尊大佛像。佛像在塑像時，有一定的造型，就是三尊佛像的一雙手的手勢不同。這三種手的姿勢，就是代表三寶。一方面表示現在、過去、未來；另一方面，是表示佛寶、法寶和僧寶。

　　照佛教的說法，過去有千千萬萬的佛出世，現在亦有千千萬萬的佛出世，未來亦有千千萬萬的佛出世，所以這三寶即代表過去、未來和現在所有的佛，這是佛寶。

　　但是人們皈依我佛，佛教中有經典，這些經典，是佛教的法規，統稱之為佛法，因此這三寶之中，亦含有法寶在內。

　　佛、菩薩、羅漢，都是由僧尼所修成，過去有千千萬萬的僧尼，現在和未來也有千千萬萬的僧尼，因此，這三寶中，亦有僧寶在內。

　　照此說來，寺廟中安奉的三尊佛像，稱為三寶，實際的意義，就是供奉過去、現在及未來的千千萬萬的佛，包括所有已經成佛的佛，成菩薩、羅漢的佛，亦包括現在和未來的一切佛。

　　有此原因，故一般寺院，多在大雄寶殿上，供奉三寶佛像，

如妙法寺的大雄寶殿，就是供奉三寶佛像的大殿。本港亦有廟宇供奉三寶佛像的，這供奉三寶佛像的大殿，稱為三寶殿。

　　粵語有一句，叫做「無事不登三寶殿」，顯示粵人到了有疑難之時，才到三寶殿上求佛保佑，有急時抱佛腳之意，亦可見三寶殿，可為人們解決一切疑難。

灣仔濟公廟

濟公廟在迪龍里
曾渡海紅磡驅疫

香港有一間濟公廟，相信本港年青人多不知此廟在甚麼地方，現在先把地址詳細說明，讓大家去參觀。

此廟在灣仔大道東中段，但不是在大路之處，而是在一條小巷內，這巷名叫迪龍里。

這間濟公廟最奇特的地方，是用一間普通房屋建成，和一般廟宇不同。它樓高兩層，建於一座高臺之上，但不要以為這是近代的廟宇，它的歷史，已有一百多年了。

大道東是灣仔最早開發的地區。約在一八五〇年，灣仔大道東已建成不少樓宇，當時迪龍里住了不少居民，其中有一位和尚，就租了這一間屋，將之建成佛堂，供奉濟公活佛。

街坊初時並不留意，到了一八九五年，香港發生鼠疫，那時中環的九如坊一帶死人甚多，而中區與西營盤染鼠疫而死者更多。灣仔區的居民相信濟公活佛能驅瘟疫及保佑康寧，因此到這廟來求濟公保佑，濟公廟的香火，由當時開始大盛，這廟才被人注意。

現在廟內，有一方牌匾，上寫「威伏炎瘟」四字，有「光緒二十五年吉旦」字樣，下款有「沐恩弟子紅磡眾約同敬」等字，這塊匾說出了一段奇事。

原來光緒二十五年（一八九九），鼠疫傳到紅磡區去，紅磡區的街坊，聽到上年灣仔區在鼠疫流行時死人最少，是靠濟公活佛

保佑，因此特地過海到灣仔來，請廟中的濟公活佛過海到紅磡去驅除瘟疫。當時備有鑾輿，扛了濟公活佛去遊街。事後疫症果然平息，便送了這個匾額到廟中。

　　（按：此廟現已遷往上環太平山街）

灣仔洪聖古廟

洪聖古廟在灣仔
與大王東街有關

灣仔的洪聖古廟，位於大道東鬧市之中。古廟四周都是現代化的高層大廈，使它有如萬綠叢中一點紅，與鄰近的建築物成強烈對比。

這間古廟建於何年何代，已無可考，但從門前的石雕欄杆、廟前的巨大山石，以及廟後的山岩來看，可以想見從前此廟建於海邊，即在香港未開埠、大道東還未填海築路的時期。現時廟門額，有「咸豐十年重修」的字樣。

咸豐十年（一八六〇）重修此廟時，全港華人，贈送一對廟聯，刻在石柱上。廟聯極具歷史價值，上聯云：「古廟街新，海晏河清歌聖德」；下聯是：「下環抒悃，民康物阜被天恩」。從下聯的「下環」兩字，可證從前灣仔叫做下環 —— 這是一個古老的名稱。

這間廟有一奇事，就是廟前從前是海灘，後來重修洪聖古廟時，已填海到修頓球場旁邊。

當時灣仔修頓球場仍是海，莊士敦道原日是灣仔的海旁馬路。當時開闢街道之際，面對洪聖古廟的兩條街道，原為一位大富翁投得地皮興建住宅，這位大富翁本想用自己的名字命名這兩條街道，後來有人告訴他，兩街街口對正洪聖古廟，如用自己的大名命名，恐會得罪神靈。富翁聽了之後，立即將這兩條街，命名為大王東街及大王西街。大王者，洪聖大王之謂也。他將這兩條街，用洪聖大王之名命名。

很多人不知道何以大王東西街會以「大王」為名，有些更不知大王是何人，原來就是這間洪聖古廟所供奉的大王。洪聖大王全銜為「南海廣利洪聖大王」。它是南海之神；南海神廟以波羅的為最古。

寶雲道姻緣石

石為頭草為髮
此乃姻緣之神

「千處有求千處驗，萬家祈禱萬家靈。」這是一處露天神廟的廟聯。這露天神廟，利用一處防洪的斜坡而「建」，乍看卻不知到底這是何方神聖？

原來祂是一位姻緣之神。大家都知道，港島半山區上，有一塊姻緣石，是求夫得夫、求妻得妻、求子得子的神石。這一位姻緣之神，就在那古老的姻緣石附近，可以說，是新潮的姻緣石，亦即是現代化的姻緣之神。

現在甚麼都講現代化，連神廟亦現代化起來。這間露天神廟本來是斜坡，由於防止下雨時山泥傾瀉，當局用灰沙和英泥，將斜坡批盪。但那斜坡上有塊石頭凸出來，形如一個人頭；那塊石上，生出長草，仿似人頭上面的頭髮。這一草一石，就在古老的姻緣石附近，而新潮男女，認為這塊石是新潮的姻緣石，於是善男信女，就拜這一塊石頭了。

一九六四年歲次甲辰，求過這位神而靈驗的善男信女（包括天天到該處晨運的晨運之友），集資將這塊石頭粉飾，正正式式立了這座露天的姻緣廟。他們將那塊石頭，繪成人形，並在石下，繪成身形，加上其他的裝飾，稱之為「聖地」。自此之後，每逢初一十五，善信到來朝聖，求姻緣的，都來拜禱。

寶雲道是一條晨運路，每天晨早四時，就有晨運之友登山到該處晨運。這位新潮姻緣之神，正當晨運區中，晨運之友，不乏

有心人，他們認為這位靈神，也是晨運之神，保佑晨運青年健康快樂，所以在晨運之餘，也來上香，求祂庇佑，因此香火極盛。還有人帶鮮花到來，插在瓶中，供奉神前哩。

上環綏靖伯廟

綏靖伯從四邑請來
曾在澳門鎮壓疫症

綏靖伯廟位於上環磅巷對正的高臺上，這廟奉祀的神，自然就是綏靖伯。

廟聯寫着：「封爵錫龍章，威被鴻功駿惠；奇才運鸞筆，足徵道骨生風。」旁有「光緒二十七年孟冬穀旦」字樣，證明此廟在一九〇一年已經建立。

原來綏靖伯是廣東人，姓陳名仲真，在南宋理宗朝時任屯田校尉，這個官職是負責對付強盜的，當時他奉命剿匪，先後捉了很多大賊。

有一次有一股強盜，被他追剿得無路可走，詐作投降，繳械之後，劏雞殺鴨為他慶功。誰知賊眾暗中在食物中下毒，將他全家毒死。賊眾以為除去一位敵人，於是又作亂。

不料他死後顯靈，使賊眾自相殘殺，地方得保安寧，因此鄉人立廟拜祀，朝庭追封他為伯爵，稱綏靖伯。綏靖伯廟在四邑各地最多，因為他是四邑人，同時亦在四邑剿匪。

一八六九年本港疫症流行，本港四邑人士從四邑請來這位神到香港坐鎮，初時在現今的卜公花園中搭間木屋拜祀，後來才在現址建廟。這位神被視為能鎮壓疫症流行。

單就上述的歷史，已顯得這位神靈的奇特，但還有更奇趣的事出現。

一九三三年澳門霍亂症大盛，死人無數，澳門坊眾來港，請

這位綏靖伯到澳門去鎮壓霍亂流行，當時用一艘掛滿彩旗的神船駛來香港，澳門紳商恭臨廟前，把綏靖伯的神像抬出廟外，一直到了碼頭登船，運到澳門去。

當日，善信扛着神像在澳門大小街巷巡遊，極為熱鬧。

說也奇怪，經此一役，澳門疫症平息，於是綏靖伯也就回鑾返港。當時的盛況，港澳中西日報也盛載。

上環百姓廟

百姓廟位於上環
香爐多全港之冠

有一間廟非常特別而奇妙，只要細心去觀看，就知道它的奇特地方在哪裏了。

去到此廟，入殿可見左右兩邊的三個間格上，都陳列着很多香爐；正面的神枱上，也放着一列一列的香爐，望過去，就像一座香爐陣。

相信這是全港最多香爐的一間廟宇，有人試過慢慢地逐一點數，只因香爐擺得密密麻麻，而且有些香爐的位置放得極高，一時也難以數得清楚，但只這樣數，已有三百多個了。

然則這一間廟叫甚麼廟呢？它的名字很奇怪，叫做百姓廟。

「百姓」並不是老百姓的百姓，而是百家姓的百姓。換句話說，這是百家姓中人的廟堂。所謂「百家姓」其實是不止一百個姓的；百家只是形容詞，表示甚多。這間百姓廟也是一樣，不止一百個香爐，安奉的也不止一百位神，而是數以百計。

原來百姓廟是給人安奉已故先人的靈位的一座廟宇，故名百姓廟。廟中的香爐，都是那些將先人靈位放在該處之時，購備在靈位之前，作為上香點燭之用，換句話來説，一個香爐，就有一個靈位。

本港很多寺院庵堂道觀，都有長生祿位之設，但那些長生祿位，只安奉靈位，靈位前沒有地方安放香爐的，百姓廟則不一樣，一個靈位一個香爐。這是這間廟奇特的地方。

百姓廟在甚麼地方呢？在上環太平山街的廣福祠內。廣福祠

是促成東華醫院興建的一間祠廟，這百姓廟就在廣福祠的後面。
稱之為百姓廟，是因為廟內供奉的靈位，包括百家姓內的所有姓
氏的先人，其中極為罕見的姓氏都有。

上環水月宮

天后宮又稱三元宮
包青天黃大仙在內

這一間天后宮，在上環水月宮內，但廟中並非單獨安奉天后娘娘，因為廟內另有一橫匾，寫着「天后三元宮」五個大字，表示廟中祀奉的神靈，共三位之多，天后娘娘只是主神，另有兩位神靈，同祀該廟內。

電視節目中曾有《包青天》劇集，包青天就是包拯，又稱包文正公，簡稱包丞。相傳包公能審陰陽之事，故民間祀之為神。自宋末之後，到處都是包公廟，香港亦不例外，故天后三元宮中，亦有包公殿。

除了包公殿外，廟中還有一座黃大仙殿。黃大仙廟以嗇色園的為主廟。從前港九交通，沒有現時方便，香港居民信奉黃大仙的人很多，因此在上環三元宮內，設黃大仙殿祀奉，避免舟車勞頓，可就近拜禱。

於是這座天后宮就一共安奉三位神靈，天后娘娘之外，有包公及黃大仙；三神合祀，便稱三元宮。但因天后為主神，是以在三元宮上，加上天后二字，而成天后三元宮，表示此廟有三位靈神。

從前港人遇到有家庭糾紛，都會到這天后三元宮的包公殿來，請包公代為解決，求神指示，例如分家產等糾紛，或大婆與妾侍間的糾紛，都向包大人求簽指示，或杯卜決定一切。現在因為社會已進步，妾侍制度根本廢除，一些有錢人，都有法律顧問，故很少有爭身家等事情發生，不必勞包大人代為解決了。

　　現在又因為交通方便，地下鐵有黃大仙站，香港居民到黃大仙去參神極為方便，因此天后三元宮，仍以天后娘娘為主神，香火亦以天后為最盛。雖稱「三元」，始終以天后宮為主。

和合二仙共三神
其中一個叫萬回

和合二仙，相信人人都知道是象徵和諧好合之意。這兩位靈神，一個持荷花，一個持圓盒；荷花表示和諧，圓盒表示好合。這是一對有意思的神，但他們雖被安奉在和合神殿上，卻縮在一個角落，當中又另安奉一位老伯，這到底是甚麼意思？有無奇異可述？

原來，當中這一位神，名叫萬回。他也是和合之神，「外江佬」[7] 稱這一位靈神做「萬回哥哥」。說起這位神靈，亦有一件奇事。

據《西湖遊覽志》載：「宋時杭城以臘日祀萬回哥哥，其像蓬頭笑面，身着綵衣，左手擊鼓，右手執棒，云是和合之神，祀之可使人在萬里之外，亦能回家，故曰萬回。」

就是說，這當中的一位神靈，才是最早的和合之神，在宋朝已經開始享人間香火。他的神力，能令到離家遠去的人，立即回來和家人團聚，所以是一位令遊子歸家的神。

在過去香港未禁娼時代，水坑口一帶是高級妓寨所在地，妓女們常到廟裏來，拜這位萬回哥哥，希望她們的恩客回來，是以香火極盛。

和合二仙比萬回哥哥為晚出之神，相傳明朝開始，人們才拜和

7　粵語謂外省人。

合二仙；有情的男女，到廟中去拜禱，希望有情人終能和諧好合。

　　這個和合神殿，兼收並蓄，既安奉和合二仙，亦安奉萬回哥哥，但因為萬回哥哥的輩分較老，是以在這小小的殿上，坐在正中，和合二仙，就要坐在左邊。可見神靈也要排輩，誰先得道，就要上座。

　　這座小小的和合殿也在上環近水坑口上，附祀於廣福義祠內，自禁娼後，拜的人漸漸少了。

水坑口小廟

水坑口上一小廟
保佑食水百餘年

　　水坑口有座小廟的結構非常簡陋，如一間草屋，不知道這小廟的歷史的人，以為它是普通的土地廟而已，其實這廟大有來頭。

　　小廟的旁邊，有一個水龍頭，現在水龍頭旁邊已設了一張座椅。可以看得出，這水龍頭從前是一條街喉；那座椅的位置，就是街喉放水桶載水的地方。

　　這個地方，是香港開埠初期居民汲取食水的地方。該處位於水坑口的水源之處，在一八四五年時，一道山水從太平山流下來，流到這裏，居民就在這地方取山水作食水；這山水流出海邊的地方，就是水坑口。

　　水坑口是本港一處古老的地方，年青人恐怕已不知道它的位置，它的正確位置是在上環皇后大道西文咸西街口。開埠初期該處仍是海邊，水坑的水由此流出海，故名水坑口。水坑上面就是居民取水的地方，該處位於荷李活道附近。

　　這座小廟安奉的就是水坑之神，亦即山泉之神。

　　後來有了自來水，水坑填平，但因居民習慣在該處取水，是以也在原處設一街喉。由於本港的差餉內有水費計算在內，故居民到街喉去取水是不必收費，因此這位山泉之神，仍被視為神靈。街坊早晚來此上香；善信來此拜禱。

　　現在雖然家家戶戶都有水喉入屋，這街喉已不需要，但當局並不將它拆去，因為提防在緊急時刻，需要恢復使用街喉時，可

以立即加以使用。亦正因如此，這一位山泉之神，依然受人敬奉。

　　無論水坑改成街喉、街喉封而不用，山泉之神，始終屹立不動，始終是香火極盛，天天都有人到來禱拜。

荷李活道文武廟

文武廟知名度高
曾作宣誓議事地

荷李活道文武廟是一座全港最著名的廟宇，提起此廟相信連西人在內，恐怕沒有人不識。究竟文武廟何以有這樣高的知名度，說來也有原因。

首先是這間廟的歷史悠久，悠久到最初建廟的年代已無法考證，現存廟中最古的物證是廟內兩條大石柱，是道光三十年一位善信所捐贈。道光三十年是一八四○年，當時香港還未開埠，足見此廟之古。

其次是這間廟在本港開埠初期，被用作宣誓的地方。

查本港開埠初期，很多法制還未像今日的完善。現在宣誓表示所作供詞並無虛言，只須在監誓官之前舉手宣誓就可以，但在開埠之初，中國人宣誓的方法是燒黃紙及斬雞頭，那時法律承認這種方法有效，但指定要在文武廟內舉行，因此這間廟，中西人士都認識。

第三，這間廟自開埠之初，即成為商紳集會議事的地方。開埠初期沒有甚麼商會或工會等組織，有事商議時沒有甚麼地方可供許多人集會；而文武廟在市區，地方多，正可作為集會的場所，故西人對它特別有印象。

一八七二年東華醫院開幕時，全港華人商界名流先集中在文武廟拜祭，然後才到東華醫院去舉行開幕禮，因此後來東華三院總理，每年都到文武廟作春秋二祭。春秋二祭之時，中西報紙都

有刊載此消息，因而令這間廟的知名度高於其他各廟。

　　文武廟奉祀的是文昌帝君及武聖關聖帝君。文昌帝君是晉朝人，姓張名亞子，又稱梓潼帝君，因他的職責是掌管文昌府的事務，故名文昌。文昌府相等於現在的銓敘司，故供奉他可望功名順遂，升官發財。

荷李活道觀音佛堂

觀音佛堂本是更館
開埠初期集資建成

香港的觀音廟，種類繁多。有一間觀音佛堂，是和水月宮附近的觀音堂屬同一時代的建築物。它位於荷李活道文武廟旁邊，但歷史較文武廟為短。

咸豐元年（一八五一），本港成立四環更練之時，人們在文武廟集會籌備；當時文武廟已很殘舊，四環的商家，發起重修文武廟，將廟址擴建為三間建築物，其一為文武廟本身，另外建一間公所和一間觀音佛堂。當時四環的劃分，亦足一述。

自荷李活道尾至西營盤以西一帶，稱為西環；自威靈頓街尾至荷李活道尾，稱為上環；自金鐘兵房至威靈頓街則為中環；灣仔區則稱為下環，合共四環。四環共分九約，每一約有一更練館，合稱四環更練。

初期觀音佛堂並未安奉觀音，只作為四環更練的總部，後來本港警察制度日臻完善，取消了打更和巡更制度，才請一位高僧到來，將更練館建成觀音佛堂。是以現在該廟的門額，是用鏡架鑲成，與別的廟的門額用石刻成有別。

廟聯也是用鏡框鑲成的，聯云：「西方綠竹千年茂，南海紅蓮九品香」，說明了廟內安奉的是紫竹林坐蓮花的佛家觀音。

觀音佛堂隔鄰，現在仍有一座公所，門額上有石刻「公所」二字，說明了這三座建築物的歷史，是和香港開埠初期的發展有關。

　　開埠之初，華人仍沿用華人的習俗在港經營商務，所以要設更練巡更及報時，文武廟既成法定宣誓的地方，很自然就成為華人集會議事的地方，故將之擴建成公所與更練總部。

　　香港有很多廟宇，從前都有街坊會的性質，在未有街坊會出現之前，街坊會商一切，都在廟內舉行。

荷李活道石敢當

白虎社稷石敢當
三神奉祀小廟內

這一間廟，安奉兩神一虎，神是社稷之神及泰山石敢當，虎是一隻石虎。石虎不吃人間香火，故此牠的面前，沒有香爐。

石虎不吃香火，然則吃的是甚麼？不是説笑話，牠吃的是肥豬肉，原來這就是白虎。

每年驚蟄節那一天，這白虎便吃得肥淋淋。因為那天，很多人都帶一片肥豬肉到來，放在白虎的嘴裏，名為「祭白虎」。那一天，這白虎可吃幾百斤肥豬肉。

除了驚蟄那天祭白虎之外，平時也有人帶肥豬肉來祭牠的，因為白虎是凶神，用肥肉餵牠，可免傷人。據《玄秘樞經》這本書載：「白虎歲中凶神也，當居歲後四辰。」故此常餵以肥豬肉，等牠吃得膩了，就不會傷人。

泰山石敢當的來歷亦很古，在元朝已經流行。據《輟耕錄》載：「今人家正門適當巷陌橋道之衝，則立一小石將軍，或植一小石碑，鑴其上曰石敢當，以厭禳之。」按西漢史游《急就章》提及「石敢當」，顏師古注曰：「衛有石碏、石買、石惡；鄭有石制，皆為石氏；周有石速；齊有石之紛如，其後亦以命族。敢當言所向無敵也。」

可見拜石敢當，係取所向無敵之意，把疾病、災難戰勝。

社稷之神即四方之神，這是中國各處鄉村都有的，不必細表。

這一間三神廟，在荷李活道一條橫街上，在百姓廟石級旁

邊，相傳香港開埠初期就存在。當時港人聚居於荷李活道、水坑口及西營盤一帶，為保街坊安寧，故在路邊，建了這一座小廟，用以減少疾苦，以及有一股所向無敵的幹勁，用以戰勝一切困難。

寸金尺土觀音堂
巍峨大廟門口細

荷李活道觀音堂

　　香港寸金尺土，地方的矜貴，可從若干廟宇看得出來。有一間廟宇，為了門前開闢街道，不能不將廟宇的門口改在側邊，而且為了地方矜貴，只能開一窄窄的門口，這廟就是觀音堂。

　　廟的入口雖然很窄，兩個肥佬不能並排而過，但廟的規模卻很大，廟的正門也不小，裏面廟貌巍峨，供奉一座望海觀音，香火極盛。此廟在上環水月宮對上約百步的地方。詳細地址是上環荷李活道太平山街。

　　香港的觀音廟有各種名稱，如觀音古廟、觀音樓、觀音閣、觀音堂等。一般稱為觀音堂的，多屬佛堂，由佛家主持；稱廟、稱樓、稱閣，多由道家主持。

　　觀音本為佛教的一位菩薩，但中國民間對於道和佛都共同信奉。在千多年前，道佛兩派曾有過多次派系鬥爭；但人民兩派都信奉，因此也將兩教的神靈，融合起來，於是有些佛教的菩薩，也和道教的神仙，聚在一起。例如金蘭觀內的救世大士，便是觀音。

　　觀音堂在開埠初期，當留港人士建築義祠的時候，有一位高僧，在義祠附近，建一座觀音堂。當時還未建太平山街，觀音堂的廟門，對正現在的太平山街，一列長石級，直登廟門。後來要開闢太平山街，不能不將廟前的石級拆去，把登廟的入口處，改在旁邊。

在廟前三呎的地方，築一短牆關欄，成了目前這個樣子。此廟在光緒年間重建，前幾年再加修葺，加建了很多現代化建築設備。

赤柱水僊爺爺廟

水僊爺爺廟如燈塔
指示漁民不怕觸礁

有一間古廟，在赤柱西灣海心一堆礁石之上，是純漁民所崇拜的廟，廟雖細但極古。據一位研究香港神廟的西人專家認為，此廟是漁民未建天后廟之前所建，建於乾隆之前。

這間廟，供奉的是一位水神；水神名叫水仙爺爺。而水仙爺爺中的「仙」字，寫的是一個古「僊」字，那位西人認為此字在宋朝時開始流行，而到元朝為最盛，可能是宋元時代之物。

廟高只三呎，但立於礁石最高之處，即使潮水最漲之時，也浸不到這一間小廟。

廟內的神位，在水僊爺爺之旁，兼奉財帛星君，是以它的神位，一邊有「都天至富財帛星君之神位」，一邊有「護國庇民水僊爺爺之神位」，神前供有一個香爐、三杯酒。漁民出海捕魚之前，必乘小艇到此廟上香禱告，祈水仙爺爺保護他們一路順風；祈財帛星君保佑他們網網千斤，魚蝦大順。

查中國的水仙神，共有四位：第一位即河伯，這位河伯，名叫馮夷，他是將黃河上的八處礁石炸毀，使黃河暢通而成仙的；第二位是伍子胥，古書說他，凌威萬物，歸神大海，後人亦立他為水仙之神；第三位是屈原，屈原投江死而成神，亦係水仙之神；第四位是郭璞，神仙傳說他是水仙爺爺。

考這間水僊爺爺廟中的水僊，建於礁石之上，相信奉祀的是

第一位，即是馮夷，因為馮夷係專平服海中礁石之神，廟在礁石上，顯而易見。

　　古時沒有燈塔，故漁民在礁石上建水仙爺爺廟，作用有二：其一是禱告祈福；另一作用，則是把廟建於礁石高水位上，使在遠遠就望見該處是礁石區，行船時不可駛近，含有燈塔的作用。在廟內上香，晚上看來，便如燈塔也。

孔安道圖書館獲街坊支持已世界知名

新界

洪聖街和鴨脷洲

香港
街坊志

香港上海

香港
街坊志

夏歷

港滬雙城展展品多

香港淪陷時期用土紙印刷的小說

1922年報紙每份由三仙加至五仙

屏山金蘭觀

沙田車公廟

蠔涌車公廟

大埔文武二帝廟

西貢伯公廟

萬綠叢中一小廟
老番想到生殖器

這間小廟在萬綠叢中建立起來，廟頂上有「伯公」二字，可知是一座伯公廟。

伯公廟內安奉兩塊石頭，兩塊石頭都簪花掛紅，看來極像一對夫婦。

據鄉人說，這兩塊石頭，大的一塊是伯公老爺，細的一塊是伯婆奶奶。照此來說，這伯公廟便不是專安奉伯公，而是伯公伯婆一齊安奉，是一座公婆廟。

有位西人在香港研究各處鄉村的小廟，發現很多鄉村小廟都安奉石頭，而那些石頭的形狀，都是上尖下闊的，因此他認為這是古代人崇拜生殖器的遺蹟，那些石頭，代表生殖器。這位老番，指出有些小廟安奉兩塊石頭，一塊似男性的器官，一塊似女性的器官，便是崇拜生殖器遺風之證云。他寫的一本書，也提到這間小廟。

其實香港各處鄉村小廟安奉的石頭，並非代表生殖器崇拜。這些小廟，有很多稱為伯公廟。所謂伯公者，即土地公公之謂。其中不少伯公廟，同時安奉兩塊石頭，即表示土地公和土地婆，故土地廟的對聯云：「公公十分公道，婆婆一片婆心」，可證不是崇拜生殖器。

這間小廟，在西貢半島公路旁邊，即蠔涌鄉路口的樹林中。該處對面早年曾經是建築地盤，有很多建築工人工作，這些工地上的工人，在開工之日，多買燒肉和雞來拜這位伯公，希望伯公

保佑他們工作順利，人口平安。

　　從該廟的神誕在二月初二來看，可以證實伯公廟即土地廟，因為農曆二月初二，是土地誕。

　　香港的伯公廟，有些真有其人，有些則未必有其人。有其人的伯公廟，神誕另計；無其人的土地廟，則以二月初二為土地誕。

西貢露天小廟

山神土地兩靈神
原屬山泉井泉廟

　　兩座似是山墳的西貢露天小廟，很多人不知是何方神聖。因為如果是土地廟，不會有兩座；是山墳，又不是這個模樣。如非採風問俗，向故老訪查，實難知其究竟。

　　新界很多鄉村，目前仍有部分沒有自來水的，食水來源是井水或山泉，因此鄉村之中，常見井泉小廟，設於井頭或山泉附近。

　　這種井泉之廟，奉祀的是井泉老人，目的是求神保佑，井水源源不絕，泉水永保清冽。因為到了旱季，常有井水乾涸的現象。自來水也有制水的時候，何況是靠來自天然水源的井頭或山泉？是以鄉村極重視井泉之神。

　　不過此文言及的兩座小廟所在地，現在已經有自來水供應。該地是西貢村，村內已有街喉，亦有入屋的自來水供應，但這井泉之神，仍為鄉人所敬奉，不少人早晚去上香。

　　據故老相傳，該鄉從前是靠汲取山水來作食水之用的。在那座較細的小廟側，有一塊大山石，山水就由這塊石處流出來，是以這座小廟供奉的，是山泉之神。

　　後來由於泉水不夠應用，鄉人就在該處對下的地方，開井取水，果然水源充足，於是又設一座井泉之神的露天大廟。那較大的一座，便是井泉之神奉祀之地。

　　自從自來水供應到鄉中之後，當局為衛生起見，加以上面築

了公路，水源已不如以前的涓涓不絕，因此便將井封閉。雖然井已經封閉，但這兩位屬於保護水源之神，依然被敬奉。

　　現在，當地鄉人一般都認為這兩座廟與山泉及井泉有關，於是視之為山神與土地；原為山泉之神的稱山神，井泉之神則稱土地。

西貢協天宮

協天帝何方神聖
原來是關聖帝君

　　有一間協天宮，裏面安奉的菩薩，叫協天大帝。偶然經過，你或許會覺得奇怪，究竟協天大帝是何方神聖呢？問過一位大學教授，他也說不知道。因為大學之內，並無「廟學」課程。

　　原來協天大帝，是人人都知道的靈神。此神非他，乃忠義仁勇的關聖帝君是也。考協天大帝，是皇帝給他的封號。故此這一間廟，不稱關帝廟，而稱協天宮；關聖帝君，則稱協天大帝。此廟坐落西貢墟的墟口。

　　西貢墟的協天大帝廟，本來不在現時這個地方，而係在墟內的，後來因廟宇失修，鄉人集資重修時，覺得該在墟內，與附近居民相接，廟宇太細，不能擴大。於是眾議將廟遷到墟口來，將廟建得美輪美奐、莊嚴肅穆。

　　舊廟之原址已無可考，因此亦不知此廟建於何時，但廟門的一副對聯，則係光緒年間所刻，乃探花陳伯陶所寫的。陳伯陶係東莞人，乃廣東著名之探花，民初曾來香港作寓公，他寫的對聯云：「正漢一心，貫徹千秋忠義氣；空曹兩目，看開萬古帝天模。」

　　另有一對前幾年春箭所寫的門聯，上聯為：「港島著威靈，四民沐德」；下聯是：「歷朝崇聖號，萬世流芳」。

　　廟內的關帝神像在正殿神壇之上，壇下地上，左邊有一位關平，手捧玉印；右面有一位周倉，手持關刀。周倉與關平對立，兩座神像都雕塑得栩栩如生，非常威武。

　　這三個神像，並非本港的神像家所雕成，據說係在四川請人雕刻的，因為四川成都有座武侯祠，祠內有關帝殿，神像刻得極為精細，所以派人去四川請雕像家來刻成的。

蠔涌車公廟

蠔涌有車公廟
不讓沙田專美

　　這一間車公古廟，不是沙田大圍那一間車公廟，但它的歷史和莊嚴廟貌，與沙田大圍那一間不遑多讓。這廟一進兩深便過，體制和沙田車公廟一樣，只因不接近市區，較少人知道，是以到了寶誕之期，不及沙田那一間熱鬧。有很多聰明的善男信女，在年初二車公廟寶誕那日，嫌沙田那間人擠，特地到這一間古廟來上香。

　　車公廟最具特色的，是有一座銅製的風車，這風車像古老的電風扇的四塊車葉，參神的人用手撥動風車，表示行好運，這一座車公古廟也有一座風車，而且是「立立靚」[8]的；到廟中參神隨緣樂助香油，轉風車也不用收費，不似沙田那一間車公廟規定「大車」若干，「小車」又若干。這間古廟只有「大車」而無「細車」，表示只有行大運，好運都是大的！

　　該廟坐落蠔涌村口。蠔涌是一條古村，《新安縣志》鄉村都里欄內也有該村之名，可見該村的古遠。

　　該廟與沙田車公廟差不多在同一時期興建，都是因為明末新界一帶有疫症，在沙田大埔一帶的鄉人就在沙田建車公廟；在西貢一帶，以蠔涌村為最大的鄉村，因此亦在村口建這間車公廟，

8　粵語謂乾淨得發亮。

藉神靈鎮壓疫症病魔。

　　此廟門前綠草如茵，環境十分優美；廟後有一片大樹林，夏日是乘涼曠地。

　　有經驗的旅行人士，常以該處為旅行休息之地；在林中休息，一邊飲水、吃麵包，一邊欣賞鳥語花香，然後到廟裏去參神，自有一番樂趣。

　　從廟前小路直入，不久便見到一條河流，這條河就是蠔涌；行約十分鐘，就見到右邊有一條大鄉村，這就是蠔涌村。

萬佛寺關帝像

唯一騎馬關帝像
馬迷騎師多信奉

香港廟宇的關公神像，多作帝王裝束，因為關雲長被封為關聖帝君，又封為武帝，故作帝王裝扮，且與文昌帝君的文帝同祀於一間廟內。本港文武廟內的關帝，亦多作帝王裝束，甚少有騎赤兔馬、手持青龍偃月刀的，在考察各廟宇時只發現一間，那就是沙田萬佛寺內的關帝神像。

此神像的關帝，可以說是廟宇內唯一騎馬的關帝，它不穿帝王服裝，而穿甲冑，作大將狀，非常威武。

關帝因史義仁勇而成神，他所騎的赤兔馬，因此也成了神。

從前沙田有騎術訓練學校。當本港未採用職業賽馬制度之前，很多紅牌騎師，都先到沙田騎術學校學習騎術，學會了基本技術，然後向馬會申請參加做見習騎師。那時，到沙田學騎馬的人，差不多都到萬佛寺，拜這一匹赤兔馬，保佑其馬運亨通。

當然，拜馬之時也拜關帝，因為關帝也是一位好騎師，他生前騎馬衝鋒陷陣，百戰百勝，亦可保佑他們在馬場上戰無不勝。

沙田的關帝神像，不僅騎馬，而且神像的眼睛，特別有神，與一般家庭安奉的關帝神像不同。普通家庭的關帝神像，多不點睛。相傳關帝神像若點睛，則殺氣大，所以目前出售神像的店舖，其中用鏡架鑲着的關帝像多不見眼睛的。

這只是傳說，沒有甚麼根據，但已約定俗成，人人都這樣說，故不僅家庭的關帝神像不點睛，不少廟宇內的帝王裝的關帝

像，也不點睛，但萬佛寺的一座，就點了眼睛，真是十分威武，令人肅然起敬。

　　也許是這緣故，令到很多騎師，都來拜這位關帝；馬迷來拜的亦不少，大家都望馬運亨通。

沙田車公廟

車公元帥驅疫保民
最多大炷香成香海

　　每年年初二車公誕，很多善男信女都到車公廟去參神，要勞動警方和運輸署特別安排交通及維持秩序。

　　沙田大圍的車公廟，有很多奇特的地方。先講此廟的歷史。

　　原來在明末崇禎年間，新界各地突然疫症流行，當時因醫學未昌明，人們不知是何種疫症，其實是霍亂；霍亂是傳染病，其病原是虎列拉菌，在水中活動，故傳染極快。當時沙田一帶最流行。

　　後來鄉人研究史書及縣志，發現宋朝有位車大元帥，不特平賊有功，他所到之地，疫症亦立即停止，因此就請人塑了車大元帥的塑像，在此建一間車公廟，以鎮壓疫症，果然廟成之日，疫症即不流行。

　　有些人喜歡參觀神廟，特別是西人，都喜叫導遊帶他們到各寺廟去參觀，大圍的車公廟，是最多老番參觀的廟宇，但是很多導遊，都不會講解車公廟最奇特的地方。原來車公廟奇特之點，是「大炷香」特別多。

　　相信很多人未必知道甚麼叫「大炷香」，人們只知有長壽香及大香而已。所謂「大炷香」，就是形如一個旋轉的塔形的香。這種旋轉而成塔形的香，車公廟最多，廟內的大殿頂上掛到滿，一直掛到出廟門口，足足有數百個之多。這些香，巨型的一點着可燃燒一個月，中型的亦可燃燒十五日，小型的燃燒七日。

　　原來車公廟拜神的善男信女，以點「大炷香」者為多，因此廟內掛滿此種塔形的旋轉香，掛滿了便掛到出廟外。所以，各位如到大圍的車公廟去參神或參觀，不妨留意一下。廟中的「大炷香」掛滿了，仿如一個大「香海」。

大埔文武二帝廟

二帝廟內有石碑一方
證明大埔原名太和市

　　有些廟宇的建立，是和新市鎮有關的。例如現在的大埔，相信很多人都不知道從前叫做太和市。舊的大埔，是在船灣淡水湖那邊，即現在建了政府合署的地點附近。如何能知道今日的大埔，舊稱太和市呢？只有走進大埔的街市去，在街市旁邊的文武二帝廟內看看，就知道其中的歷史。

　　這間文武廟有別於其他文武廟，因廟名加多「二帝」兩字，廟內有一塊石碑，名〈建造廣福橋芳名開列碑〉，碑文極長。碑中云：「念茲太和市橫水渡一處，溪流渺渺，河水洋洋……或傷行路之艱難，或嘆窮途之險阻。……倘非聚石為橋，安得臨流有濟？」

　　原來這間文武廟，是在太和市開市時所建。太和市在光緒十八年（一八九二）開市的，稱為大埔新墟，以別於大埔舊墟。大埔舊墟與太和市之間隔一條觀音河，兩墟往來不便。

　　正因為往來不便，在河這邊附近的鄉人，就不過河去大埔舊墟趁墟，而到太和市（即新墟）趁墟。新墟是由大埔七約所建，為了商議墟事，故建一間公所以處理日常事務，公所因乃主持公道之地，故安奉文武二帝，表示文武二帝在所內公議，有文武二帝在上，均需秉公辦理。

　　太和市開墟後，因新舊墟墟期不同，因此鄉人感到往來不便，要求建一座橋在河上；這座橋，名叫廣福橋。現在我們乘

車到大埔，在轉向船灣淡水湖那邊的公路時，經過一座有石欄
的橋，便是廣福橋。此橋建於光緒二十二年（一八九六），到
一九五七年重修，將橋面擴闊了。

元朗大王古廟

大王被困矮牆下
此神原本在茅洲

　　凡廟宇，前面必有一個廣場，以便神誕演戲之用，但是有一間古廟，前面的廣場，卻是別人的地方，因此廣場被圍以短牆，使得這間廟被困在一條小路中。這間廟，就是元朗舊墟的大王古廟。

　　很多人不知道元朗有新墟和舊墟之分，現在我們乘公共巴士到元朗，所經的元朗市區及巴士總站所在，都叫新墟；舊墟在新墟之右，經過一條石橋才能到達。這間大王古廟就在元朗舊墟之內，是一座已有二百年歷史的古廟。

　　大王古廟安奉的是叫茅洲大王的神，究竟茅洲大王是何方神聖？

　　原來大王也者，就是南海廣利洪聖大王的簡稱。南海廣利洪聖大王原本是南海之神，此神在唐朝已經在廣東各處建廟，最大的一間廟在波羅。唐朝大文豪韓愈曾作〈南海神廟碑〉，歌頌這位南海之神，其後歷代皇帝都加以封誥，因此加上「廣利」、「洪聖」、「大王」等號，所以南海神廟，又有廣利大王廟、稱洪聖廟、大王廟等名號。

　　清初年間，康熙帝為斷絕鄭成功在沿海騷擾，實行「遷海」政策，將沿海地區的村莊墟市全部移入內地。元朗當時亦被遷移，元朗墟遷到茅洲去。後來清朝統一了臺灣，被遷入內陸的村市恢復回到原地，元朗舊墟也恢復了。墟既恢復，墟民認為應該

把茅洲的南海洪聖大王請到元朗來，因此便在該處建了這間大王古廟，將茅洲的洪聖大王供奉在廟內。

　　該廟內有一塊石碑，說明廟宇的緣起如上。有機會去元朗旅行的人，可以順道到該廟去參觀。

元朗牆心廟

牆心小廟來頭大
保佑一墟數百年

　　有一間小小的廟，是將一間屋的一幅牆，鑿開了兩隅磚，挖開了十塊磚的高度建成的，屋主甘心情願將向街的一幅牆挖開作廟，是非常難得的，因為他沒有得到甚麼金錢的代價。

　　這間廟就叫牆心廟。

　　一般古老的屋宇，都會在屋內挖開牆心安奉神靈，但這在屋內的只可稱之為神龕；廟是在街上的，是屬於大眾的，故這種「牆心廟」很少見。

　　此廟奇在裏面沒有放置甚麼神位，也沒有石頭，只在正中央處插了兩枝金花，貼上些紅紙，對上的地方，貼有上書「庇佑」兩個黑字的紅紙，要不是廟聯還未脫落，看到「伯德如山重，公恩深似海」十個字，真不知奉祀的是何神。

　　從這對廟聯上嵌「伯公」二字來看，知道這是一間土地廟。這間土地廟借居民屋宇的牆心來建築，説來也是一件奇趣的事蹟。

　　原來，在康熙年間，元朗舊墟開墟。墟市經營了幾年便很興旺，很多商人於是在舊墟中建屋建舖，墟的大街兩邊因屬旺地，更首先建起屋宇來。當時大街的路邊，已被人們安奉了一位土地在該處，那塊地後來被一位商人買了。坊眾問他：「你在這塊地上建屋，這位土地公怎辦？你要找地方安置牠才可建屋的。」商人説不必。在建屋之時，他就在原地，將屋挖出一個位置來建廟，因此便有這座牆心廟。

　　該屋經過二百多年，曾重建過兩次。每次重建時，仍然保留牆心的位置，安奉土地，最近一次重建時，屋主還特地加建一張拜桌在前面，以方便街坊在初二、十六做禡[9]時，捧些燒肉和雞來奉神。現在元朗的商業中心已移到新墟上，但此廟香火仍盛。

9　商家於每月農曆初二日及十六日祭祀土地神，以求生意興旺。

沙江天后廟

流浮山沒有古廟
拜天后要到沙江

流浮山沒有廟，走遍流浮山各大小街道，沿海邊和山邊搜索，都見不到一間廟。

向流浮山的蜑民詢問，他們都說信奉天后娘娘，但流浮山沒有天后廟。他們說，離流浮山不遠的沙江村，有一座天后古廟，他們就是到沙江天后古廟去拜天后娘娘的。

沙江離流浮山不遠，沿着海邊蠔田的小路直行，約十五分鐘就到達。這座天后古廟就在海邊，面向海洋。每當秋天、天空上沒有雲霧，在日落的時候，一輪紅日在水平線上，對正這座天后古廟，是一幅奇景，鄉人稱為「沙江夕照」，是攝影家拍攝沙龍作品的地方。

廟前的門額「天后古廟」四字上，有光緒庚辰重修字樣，說明此廟是在一八八〇年時重修，重修距今已經百餘年了。

廟內有一奇特的地方，是大殿左右牆邊，放有兩艘巨型的大眼雞帆船，這兩艘帆船有一丈長、幾呎闊，是眾多天后廟內陳列的帆船中最巨型的。帆船的帆扯起，其中一艘有「一帆風順」的紅紙貼着，另一艘貼上「風調雨順」。

據說此廟已有二百多年歷史，廟中這兩艘帆船，是大陸南頭和蛇口的漁民送到廟裏來的。某年，南頭蛇口的漁民收穫甚豐，一共製造了四艘帆船，兩艘送到赤灣天后古廟內供奉，兩艘送來沙江天后古廟。這當然是從前的事了，不是近三十年的事。

　　廟內又有一座七彩的鑾輿，是用桃木製造的，這是在天后寶誕時，用來作巡遊之用；將天后娘娘的神位，請到鑾輿上，抬着天后娘娘出遊，確保水陸平安。

　　鑾輿即是轎子，但比轎子輝煌，是一頂八人大轎。轎旁有一鐘一鼓，都是古物。

沙江村小廟

地神為主天神為副
露天小廟兼收並祀

這一間露天小廟，正面放一塊石頭，旁邊有五個以紅色木牌造成的神位，是所見到的各種小型露天廟宇中最奇特的一座。

正中的一塊石頭，是代表社稷之神，但是其餘的五塊神位木牌，又是何方神聖呢？其中的一塊，只有「天官賜福」四字，這是一般家庭常供奉的天神。

信神的人家，家中必有這一位神靈安奉，廣州話稱安奉「天官賜福」的地方為「當天」，意思是表示這位神，是天神，故一般是安奉在見到天的地方，而且是放在上方的位置，與放在地面的「地主」有別。

凡有「天官賜福」的，亦必在家中安奉地主神位；地主公即是「五方五土龍神，前後地主財神」。

這露天小廟上，也有一塊地主神位，此外的幾塊，由於字跡不清楚，看不出是甚麼神位，因此要實地採訪，方能知道真相。

原來，這小廟在沙江村邊，據說本來是一座露天社稷之神的小廟，由於流浮山沙江村近十多年來，不少鄉人舉家移民到外國，他們離鄉之前，出售了樓房及田地，但是，家中的神靈，不能也賣給別人，因此便將神靈的神位，安奉到這社稷之神的旁邊，以便繼續接受人間的香火。於是乎，這小廟就成了兼收並祀的小廟，接納了各家的神靈，而成了這個樣子。

因此，這小廟就成為天地之神的小廟，但由於原廟是奉祀社

稷之神，故此代表社稷的那塊石頭，仍立於當中，屬於主神；其餘天神及各家移民的神靈，都屬於賓客，故此皆安放在旁邊。

由此可見，在香港研究「神學」的人，不能一本通書睇到老，以為天神大於地神，要看形勢來分主副。

屏山金蘭觀

金蘭觀龍城遷來
門聯是呂祖所寫

　　贈醫贈藥的金蘭觀，裏邊有很多神殿和小廟堂，要分別介紹才能說明箇中奇情妙事。現在先從大處着眼，談談它的一切。

　　這座金蘭觀在屏山唐人新村內，相信很多人不知唐人新村在甚麼地方，這條村在元朗公路的屏山附近，村口和通往流浮山的公路相對，左邊路入流浮山，右邊路入唐人新村。金蘭觀在唐人新村村尾的山邊上。

　　「觀」是道家神廟的統稱，佛家的神廟稱為「寺」，故此不必細表，也知道金蘭觀是道家修真之所。觀前的橫額有「天運己酉年」五字，說明這廟在一九六九年才建成。

　　原來金蘭觀在一九六九年之前，並不在唐人新村內，它本來是在福佬村道的，當時觀中安奉呂祖先師，香火極盛。後來由於當局拆遷福佬村道，金蘭觀所在之處，亦要拆遷。當時善信們大為着急，不知拆遷之後，廟宇要搬到何處。

　　於是大家向呂祖請求指示，金蘭觀經常都有扶乩的，當日就開了乩壇，請呂祖先師降壇指示一切。呂祖降壇，指示唐人新村的村尾山邊，是金蘭觀重建之地，各人便依照呂祖先師的指示，來到唐人新村，買到了這一幅地，將金蘭觀從福佬村道遷來。

　　據說，在福佬村道的時候，金蘭觀已開始贈醫施藥，到該處之後，仍繼續贈醫施藥。

　　門聯「金橋上達神仙府，蘭沼中通道德門」，據說是由呂祖所

寫的，當時用扶乩的方法，將一支大毛筆蘸了墨，請呂祖降壇，
毛筆就運行，寫出了上面的七字聯一對。但門額上「金蘭觀」三
字，則是趙聿修先生所寫的。

葵涌天后宮

葵涌移山倒海
碩果僅存一廟

葵涌的天后宮，乍看起來沒有奇特的地方，和一般的天后廟沒有甚麼分別，甚至比很多天后廟為細，但深究起來，它的存在則是一件奇蹟。

現在的葵涌是移山倒海而成的，從貨櫃碼頭那邊起，到青山道止的一段平陽的土地，從前近海的一側是海，近山的一側是山，後來將山上的山泥，移到海上，將海填成平地，於是原屬山坡的地方也變了平地。

從前葵涌山坡上，有很多石屋，該處形成了幾條半山的村落；在山村當中，有很多神廟及齋堂，亦有寺院、道觀、靜苑、尼庵。當局要開發葵涌，就必須將葵涌山上的所有建築物，全部遷拆，才能完成發展計劃。

當時山上的居民，包括各寺廟的主持人和善男信女，都請求當局收回成命，特別是其中很多廟宇和寺觀，都是有歷史價值的。

無奈當局為了發展葵涌，不能不決心執行，於是，山上所有的寺院廟宇都要遷居。有些遷到新界較遠的地方；有些則遷往大嶼山；亦有遷入市區，在普通樓宇中設廟。整座葵涌山的神靈，都是為了香港的大局着想，而遷往別處去。

奇就奇在這裏，獨有這一間近海邊的天后廟，當局不敢把它拆遷，不僅不敢拆之遷之，而且還在完成工程的時候，將廟宇重

修，使之煥然一新。天后娘娘依然安在廟中，故亦可以說，這是葵涌山上眾多廟宇中碩果僅存的一間。從前此廟是在海邊，現在因為海已填成平地，故此廟已不在海邊，而在路邊。

這間廟，有二百多年的歷史，據說這廟得以保存，不受拆建，原因是天后有靈；亦有謂由於廟宇的歷史悠久，當局有責任保存古蹟之故。

青山杯渡禪師廟

全港廟宇誰最古
岩前小廟歷千年

今日的青山禪院是座大叢林，有很多建築物，但是最初的青山禪院，只是一座山岩及一間茅屋而已。

青山禪院內，有一個「杯渡岩」，那是一個大山岩，岩內有一平石，是杯渡禪師最初到青山居住的地方。現在該岩上的平石，已建成一座小廟，廟額寫「杯渡禪師」四字。這個山岩，就是最初的青山寺。岩上的小廟，就是最初的杯渡廟。據說是由杯渡禪師的徒弟所建，他的門徒，搭茅屋於岩前，作為寺門。

杯渡禪師，根據《高僧傳》所載，他是晉代人，但不知是印度人還是中國人，只知他歡喜坐一隻大木杯雲遊四海，故名杯渡。他因唸咒救了病重的齊諧之妻胡氏，在北方收了齊諧做徒弟，作為俗家弟子。

到了唐末，廣東成立一個小皇朝，名叫南漢。當時南漢後主於大寶十一年（九六九）封青山為瑞應山，並命人雕塑杯渡禪師的神像，在山上供奉，開始建一間杯渡寺，這是青山禪院的前身。

《新安縣志》載云：「所謂屯門者，即杯渡山也，舊有軍寨，在北之麓，今捕盜廨之東，有偽劉大寶十二年歲次甲寅，關翊衛副指揮，同知屯門鎮檢點防右靖海都巡陳延，命工鐫杯渡禪師之像，充杯渡山供養。」可見這小廟之外，另有一座九百年前的杯渡大石像。

　　論本港的古廟，相信這一座杯渡禪師廟是最古的一座。南漢距今已九百年，唐朝至今已千餘年，何況是晉代，所以這間小廟，應是全港最古的廟。

　　東莞陳伯陶有詠杯渡禪師廟詩，最後兩句云：「惆恨六朝彈指盡，山河舉目有餘哀。」即指此廟建於六朝之際。

青山青雲觀

青雲觀是觀音廟
由顯奇大師重修

　　祠、廟、寺、觀、宮、殿六種建築物，其實都屬於廟宇。有人企圖將之分別，説祠是祠堂，用以供奉祖先；廟是奉神之所；寺為佛教之地；觀是道家的地方；宮和殿都入廟一類。其實不然，土地廟又稱福德祠，天后廟又稱天后宮，古皇帝之祠堂稱太廟，唐明皇建長生殿以奉祖先，寺有佛家的，亦有道家的；觀亦有道家，亦有佛家。本文介紹的青雲觀，就是佛家的觀。因此，西人統稱這六種建築物為廟，寫作 Temple。

　　青雲觀在青山禪院之內，觀中供奉觀音菩薩，是一間觀音廟。據陳伯陶云：「青山有杯渡寺、青雲觀，久廢，居士為之重葺。」可見青雲觀和青山禪院同在一處已經很久，後來才重修。現時的青雲觀在青山寺內大雄寶殿之右，廟內有碑刻，説明重修於道光己丑年，即一八二九年，距今已一百五十多年了。

　　今日的青山禪院以及青雲觀，係一九二八年由顯奇大師及張純白居士合力建設而成。關於顯奇大師，他是香港一位奇人，俗姓陳名春亭，原籍福建，來港經商，但篤信佛學，發了達之後，到青山隱居，覺得青山寺有重修必要，於是遠赴寧波觀宗寺去，請該寺住持諦閑禪師收他為徒，決意出家。諦閑禪師為他受戒，賜名顯奇，他在寧波靜修多年，然後南返香港，與老友張純白居士合力將青山寺改建成現在這個規模。

　　青山寺前的幾個牌坊，都是他們當時所建，由於他是港中著

名華商，突然出家做了和尚，不僅各華商支持他建設青山禪院，連當時的港督金文泰亦予以支持。

金文泰於一九二八年三月到青山禪院來題了「香海名山」四字，今這四字已放在路口牌坊上，而牌坊後之四字乃「回頭是岸」，是鐵禪所書。

青山禪院

青山古寺杯渡禪蹤
禪師乘木杯踏浪來

現在屯門發展為衛星城市，從前青山墟的一切經已改觀，但是青山上面的青山禪院，則仍然保留，因為這是一座古廟，又是古蹟。

古代之青山的面目，相信很少人見到，筆者向一位老師宿儒，借得一本《新安縣志》，內有一幅木刻插圖，名叫「杯渡禪蹤」。從插圖可認識古時青山及青山禪院的本來面目：山頂下面的山谷，有小屋兩座，這就是古代的青山禪院。

青山禪院內供奉的一位神靈，是杯渡禪師。這位杯渡禪師，他的法寶是一隻大木杯。他坐在大木杯內，到處雲遊，最後來到青山，看見青山鍾靈毓秀，於是在山上建屋修道，後來就在此處成神。他的徒弟則建了這座青山禪院，亦將青山命名為杯渡山。

《新安縣志》卷十八載云：「杯渡山，海上勝境也，昔宋杯渡禪師住錫於此，因名。山麓石柱二，相距四十步，高五丈，今半折。府志稱昔鯨入海觸折。」可見此位杯渡禪師成神於青山，距今已近千年。

青山禪院因為是杯渡成神的地方，故此《新安縣志》列為新安縣八景之一，稱為「杯渡禪蹤」，並繪圖以證明其風景幽美。山上有一岩石天然生成的岩廟，就是杯渡禪師成神的地方。

此廟曾經歷代的文學家到訪，留下不少詩文。熟悉中國文

學、能吟詩作賦的港督金文泰，亦到過該處，並且登上青山絕頂的高峰上，後人建一亭於山頂以紀念。

圓玄學院鐘樓

鐘樓也可當神廟
善信上香為功德

本港各種寺廟，都有鐘鼓之設，通常是在神殿的兩邊，一邊設鼓，一邊設鐘，寺院的三寶殿上，亦設鐘鼓，但是，設鐘樓的則甚少。而圓玄學院所建造的一座鐘樓和一座鼓樓，相信是全港寺廟中，建得最宏偉的。

筆者在圓玄學院參觀時，看見鐘樓之前，有人上香；鐘樓之內，有一個巨鐘，這座巨鐘，被善信當神來供奉，因此引起筆者的興趣，考究鐘樓的鐘，何以也可以當神來拜？

原來，寺廟之內，在參神之時打鐘，是有一個故事的，講出亦頗有趣。

根據佛寺的拜佛儀式，有「鳴鐘功德」一項，即是在禮佛唸經的時候，打鐘是一種功德，換言之，打一下鐘，便積一分功德。

何以打鐘一下，可積一分功德呢？因為根據佛經所載，有下面的一個故事：

從前印度有很多個國家，其情形有如中國春秋戰國時代一樣，各國割據自立為王。當時有一個月支國，國王名呢吒王，與鄰近的安息國王不睦，這位月支國王呢吒王，大興問罪之師，向安息國進攻，大軍壓境，長驅直進。

當時有位長老，勸呢吒王不可興動干戈，因為兵凶戰危，用兵之後，一定殺生，將來必受報應，痛苦難止。

但呢吒王不聽忠言，自恃兵力充足，繼續攻入安息國內。

安息國果然不敵，於是國人被殺了一大半，照佛經上說，他殺了九億人，相信這數目有點誇大，但至少也殺了九百多萬人。

呢吒王殺了這許多人，上天罰他投生於大海中，變成一條千頭魚，每日派一名金剛劍士，到大海中斬他的一個頭，今日斬了一個頭，明日又斬一個，但斬了幾個，以前被斬的頭，又生出一個頭，於是斬之不盡，呢吒王就永遠受斬頭之苦。

一日，有個羅漢經過，呢吒王說：「我聽到鐘聲，痛苦就減輕，請替我長打鐘吧！」羅漢回寺，就定下「鳴鐘功德」之例。鐘聲有減除痛苦作用，拜鐘亦即減除苦難之意。

荃灣天竺山院

懷念杭州三天竺
天竺山院有來由

天竺山院在荃灣山上，是一間佛門，門前有一牌坊，牌坊有門聯云：「南無阿彌陀佛，天時地利人和」，是荃灣一間歷史悠久的佛門寺廟。

寺內供奉佛祖及阿彌陀佛等佛，筆者曾向其中一位大師請教門聯「南無阿彌陀佛」，用「天時地利人和」相對，是否工整？這位大師，説出一番禪機，使筆者茅塞頓開。

原來「南無阿彌陀佛」，是佛教中淨土門的六字真言；「南無」也者，即敬禮之義。我們看《情僧偷到瀟湘館》，只見情僧大唱其「南無南無阿彌陀」，這句「南無」即誠心敬佛之意。根據《法華經》的解釋，「南無」又有「度我」之意。

至於阿彌陀佛，亦即無量壽佛，筆者曾談及此佛，指出此語等於「功德無量」，所以「南無阿彌陀佛」等於「度我無量功德」。度我無量功德，內涵天時、地利、人和的配合，故此亦極工整。

至於這間廟，何以名為天竺山院，説來亦有原因，原來天竺即印度之古稱，唐三藏去印度取經後，寫了一本《大唐西域記》，其中對天竺一詞有如下的解釋：「天竺之稱，異議糾紛，舊云身毒，或云賢豆，今從正音，宜云印度。」改天竺、身毒、賢豆、印度四名，都是 India 的譯音，古音無鼻音，所以將頭一音譯為「天」，第二音則譯為「竺」。因為印度是佛祖誕生之地，故此寺以天竺為名。

　　同時，寺中佛門子弟，來自四方，他們都與杭州靈隱山飛來峰的天竺寺有些因緣。杭州飛來峰，有三間天竺寺，一間在飛來峰南，稱下天竺寺；一間在稽留峰北，稱中天竺寺；一間在北高峰上，稱上天竺寺。

　　這三間古寺，都有八百年至一千年歷史，為了懷念天竺寺，因此這座寺廟，亦以天竺為名。

坪洲天后宮

長洲玉虛宮

坪洲金花夫人廟

大澳楊侯王廟

大澳楊侯王廟

楊侯王廟鎮壓獅虎
面對寶珠免被搶去

　　大嶼山大澳，有間正式古廟，名楊侯王廟。因何稱為正式古廟？原因是廟內有幾件古物，證明此廟夠古。究竟有甚麼古物？先說一個古鐘。

　　中國的廟宇制度，有如衙門上的公堂，故此一鐘一鼓是不可缺少之物，在廟宇落成之時，鐘鼓一定同時設備。鼓是用木造而敷以皮革，故容易損壞，不易保存至一百年。但鐘是用金屬所鑄，常可保持千年。楊侯王古廟之鐘，鐫有「康熙三十八年」字樣，說明一六九九年乃此廟建成之時，只差十二年，就有三百年的歷史了。

　　此外廟中有一香案，係用純錫所鑄，上面刻有「咸豐十年造」的字樣（咸豐十年即一八六〇年），亦說明此廟在一八六〇年曾經重修。

　　廟內牆壁上，嵌有石碑一方，是光緒三年所立；光緒三年即一八七七年，為該廟再重修之時。碑文有句云：「民物安阜，均治大德，是以地因神而靈，不特施威於宋代，廟得寶而顯，猶本布法雨於海隅也。」

　　此碑說明兩件奇事，第一件是楊侯王名楊亮節，是宋朝的王侯，保護宋帝來到大嶼山。文中「施威於宋代」即指此。

　　第二件是楊侯王廟所在之地，名叫寶珠潭，因為該處水面，有土丘突起形如一粒寶珠，故名寶珠潭。

但是，由於這粒寶珠，位於大嶼山的獅山與虎山水口之處，成為獅虎爭珠之局，風水家認為，要在這一粒寶珠之前建侯王廟，才可避免獅虎爭珠而傷及鄉民。所以碑文中有「廟得寶而顯」之句。

所謂得寶，就係得這一粒寶珠，令到獅虎不敢擺去，因而民安物阜，使大澳很早就開發成為一個漁港。今廟又再重建，廟貌一新焉。

南丫島天后廟

天后古廟如銀行
老番獅子守門口

　　這間古廟最奇的是廟門口的一對石獅子，與滙豐銀行門前的獅子差不多，形狀和神態都相似，只是滙豐銀行的獅子是銅鑄的，這間廟的獅子是石雕的。

　　中國古廟向來用中國石獅，這間天后古廟當然是中國廟宇，為甚麼用老番獅子來守門？説起來也有一段奇情故事。

　　這廟在南丫島北約榕樹灣村內，是百年前的古建築物，但是經過風吹雨打，在一九六〇年時，已經殘破不堪，廟前的一對中國式的石獅子也在這時毀壞。坊眾發起重建這間廟，於是把它拆去改建，至一九六五年落成。當廟成之際，坊眾覺得這間廟沒有一對石獅子守門，有失廟貌壯嚴，但當時大陸沒有石獅子出口，因那時正當文化大革命掀起之時，大力提倡「破四舊」，大陸內很多石獅和神廟都被砸破了，哪裏還有石獅子出口。於是不得不在港雕刻石獅。

　　當時南丫島有個石匠，早年在南洋工作，專替南洋富翁雕刻石獅，但南洋所需要的石獅，都是滙豐銀行那類型的老番石獅。坊眾見中國石獅難找，老番獅子亦無礙，因此便請他刻了這對老番石獅作為守護廟門之用。

　　中國石獅是直式長方形的，所以廟宇以前的獅子總是面向廟外；老番獅子是橫臥的長方形，因此獅頭不能望向廟外，只能像

滙豐銀行的獅子一樣，橫放在門側，獅口相對。所以道經該處的人，幾疑這間不是中國廟宇，而是一間銀行。

　　說也奇怪，自從這間古廟用老番獅子守門之後，榕樹灣的漁民，網網千斤，很多漁民都在銀行內開了戶口，足證這對石獅子旺財。

塔門天后寶樓

塔門天后寶樓
保佑歐美遠客

　　天后廟到處都有，在香港是特別多的，有人估計香港的天后廟，大小統計，超過三十間以上；但是，天后寶樓，就只有這一間。

　　這間天后寶樓，建築得美輪美奐，樓頂上是琉璃瓦，上有二龍爭珠的雕塑。此廟堪稱集中外古今建築於一體，因為門樓的基本結構是用鋼筋水泥建成，但設計則是中國式的。

　　這座天后寶樓，在塔門島上，現在去塔門島旅行，非常方便，可以從彩虹邨乘去西貢的巴士，到西貢巴士總站，再乘到黃石碼頭去的巴士。在黃石碼頭處有街渡直達塔門，點點鐘有車有船去；天后寶樓在塔門墟市內，步行五分鐘即達。寶樓之內，有間天后古廟，這寶樓即天后古廟的門樓。

　　這座門樓十多年前才落成，建築這門樓亦有一段古的。

　　原來塔門島上的天后古廟，背山面海，位於高臺之上。鄉人認為這位天后娘娘，是位望海的娘娘，是以對於離塔門到外面去謀生的鄉人，特別關注，所以凡出外謀生者，越去得遠，祂越加保佑其平安及發達。

　　因此塔門鄉人，多喜出外謀生，其中多到荷蘭去的，到英國、西德、加拿大去的亦不少。個個去到外國，都是一帆風順，故此他們在外國，都忘不了這位天后娘娘，每年到了天后誕，都從海外滙款回來簽香油，表示一片神心。其後，由於天后古廟要

重修，那些在海外工作的鄉人，更加大力捐助經費，一時荷蘭盾、西德馬克、英鎊、美金，如雪片湧來，除重修古廟之外，還加建了這座寶樓。故此可以說，此寶樓係由馬克、美金等建築而成的。

坪洲天后宮

坪洲天后簽最靈
大賊張保仔低頭

　　香港最多天后廟，但每一間天后廟都有奇妙的歷史，例如坪洲的天后廟，就與其他的天后廟不同。相傳這間天后廟曾令張保仔不敢械劫坪洲，而且把坪洲列為保護區。

　　這間天后廟內有一塊石碑，碑文極長，因篇幅所限，只好錄一小段，以說明該廟的歷史。碑文云：「維坪洲之天后宮，創建始自嘉慶戊午年，繼重修而迄光緒丙子歲，春秋歷久，陶瓦漸穿，歲月遞更，屋椽亦壞，尊神不無煙染，眾像亦被塵蒙，由是謀諸杯卜，則曰舍舊而圖新，酌之同人，更欲美輪美奐。」

　　碑文顯示，嘉慶戊午年建廟，該年為一七九八年，而張保仔在港海活動之期，是在一八〇四至一八一〇年之間。故老相傳張保仔來到香港附近海面，初時準備洗劫坪洲，坪洲居民聽到張保仔賊船將到，紛紛逃往山上。及張保仔來到，船隻停泊在天后廟前海邊，正待衝上，忽然一陣狂風，將賊船桅頂上的紅旗吹折，跌了下來。張保仔大驚失色，立即命令賊眾不可洗劫，然後率眾到天后宮去拜天后，他認為天后娘娘吹折他的紅旗，即是給他提示。他在神前求簽，所得的簽語是「保家衛國」，因此他就宣佈保護坪洲，禁手下劫掠。

　　因此，張保仔後來受兩廣總督百齡招撫之後，坪洲鄉民在廟內兩柱上掛上一對廟聯，廟聯云：「海靜波澂，浩蕩神恩敷赤子；民豐物阜，巍蛾母德濟蒼生。」

　　坪洲天后宮的籤最靈，故在光緒丙子年重修之前，鄉人亦向神求籤，得「舍舊圖新」一籤，因此鄉人立即捐款，重修此廟。

　　現在廟門的一對廟聯，是當年重修時所立。

坪洲金花夫人廟

一攀高大屋三踏到神前
坪洲求子廟歷史百餘年

　　有一間輝煌的小廟，似乎與家計會的口號背道而馳，因為這間小廟是保佑婦女多生仔的。

　　這間廟數年前曾重修，故此看來十分簇新，但它卻是一間古廟。廟宇之細，恰像大話媒人婆所說：「一攀高大屋，三踏到神前。」廟高果然一伸手就攀到屋頂，踏三步就到了神壇之前，可見其細。原來這是坪洲上的金花夫人廟。

　　坪洲的金花夫人廟不在坪洲大街上，而是在一條狹窄的小巷中。據說在嘉慶年間，已有這座小廟，當時坪洲是一個漁村，漁民聚居在島上。那時候是人力為主的社會，尤其是漁民，兒女眾多等於增加人手出海捕魚，所以人人都望生仔。他們聽說金花夫人是位保佑人們生仔的女神，因此便在小巷中，用些磚瓦和石頭，搭了一間小屋，供奉金花夫人。

　　金花夫人原是廣州仙湖街上的一位少女，名叫金花，還未嫁人。一晚，不知如何，失足跌入仙湖內溺斃；死後屍體浮出，數日不腐，而且發出異香，後來埋葬了，不久湖中又浮出一具木偶；木偶的相貌和金花相似，因此認為是神異，便把木偶供奉為神。

　　《廣東新語．神語》記云：「廣州多有金花夫人祠，夫人字金華，少為女巫，不嫁，善能調媚鬼神。其後溺死湖中，數日不壞，有異香，即有一黃沉女像容貌絕類夫人者浮出，人以為水仙，取祀之。因名其地曰仙湖。祈子往往有驗。婦女有謠云：『祈

子金華，多得白花。三年兩朵，離離成果。』」

　　自從供奉了金花夫人之後，坪洲的漁民，果然人丁大盛。因此一直至今，仍然深信這位祈子得子的神。

　　但照《廣東新語》所說，亦只是「三年兩朵」，即等於「兩個夠晒數」[10]耳。

10　香港家庭計劃指導會（家計會）為推廣節育，在上世紀七十年代構思的口號。

坪洲七姐廟

坪洲有間七姐廟
神壇有如一香閨

農曆七月初七謂之七夕，古稱乞巧節。

舊時本港流行拜七姐，到了七夕之夜，女孩子們買備生果及胭脂水粉，在月下拜禱。這種風俗，近年已不流行，不過仍然未盡淘汰，這可以從紙料店七夕時仍有「七姐盆」一類的紮作出售可知。

但是，人多知道拜七姐，卻不知道本港也有一座七姐廟。這座七姐廟內，供奉的一位女神，就是七姐。這間七姐廟的神壇前，掛有一張綿繡的橫額，上面繡有「七姐大會」四個字；而神殿上，則有一件非常特別的東西，就是有一個洗面盆。面盆上放有一條洗面用的毛巾，是供七姐洗面之用的。

七姐神位上面的裝飾，如同一位閨女的寢室，羅帳低垂，而且有陣陣的幽香發出。

這間七姐廟，位於坪洲木屋區的岩石上，據說這間廟，是該處的居民建成的；廟並不大，廟前是一個小小的涼亭，神壇就在涼亭的後面，整間廟不足一百呎。廟宇雖然細小，但是香火極盛，坪洲鄉人極信奉它。

七姐就是織女星，據《荊楚歲時記》載：「七月七日，為牽牛織女聚會之夜……是夕，人家婦女結綵縷、穿七孔針，或以金銀鍮石為針，陳几筵酒脯瓜果於庭中以乞巧。」足見此種習俗古時甚流行，亦證七姐就是織女星。

查天文學上，有七姊妹星團，此星團在農曆七月七日時，特

別明亮，其中第七粒星，更是奪目；而天上亦有一條星團橫掛於半空，狀如一條河，稱為銀河。因此附會為七姐渡銀河會牛郎之夕，把七月七日視為七姐誕。

在每年的七月初七日，即七姐誕期，坪洲這間小廟，會非常熱鬧，因為很多當地的女孩子，紛紛到廟前去賀誕，衣香鬢影，很有節日氣氛。

佛堂門天后廟

港九有廟約千間
此廟堪稱老前輩

　　有人懷疑為文寫廟宇的奇趣事物，可能不會寫得太久，因為廟宇其實不多，會很容易就寫盡。不錯，無論甚麼現有的東西，寫寫下亦會寫到盡。不過寫到盡之時，已經是很久的時候了。就以廟宇而言，大家以為為數不多，但如果細心研究，及肯去努力發掘資料，相信可以寫兩年至三年。

　　就政府所登記的大小寺廟在內，已有六百間之數，加上未登記之民間小廟，約有四百間，合共至少亦有千間之數，是否可以寫兩三年呢？

　　説到合法廟宇，稱老大哥的一間，你可知是哪一間否？這一間廟，就是佛堂門的天后廟。佛堂門天后廟建於宋朝，約在一二〇〇年，該廟建於田下山下，對面就是東龍島，由於它是全港天后廟最老的一間，人們稱之為「大廟」。

　　此廟的興建，亦有一段古。原來宋朝年間，福建有一族人家姓林，到九龍來落籍開村，他們是莆田人，故此開村時把村名定為蒲崗村，此村所在即今日的新蒲崗。

　　蒲崗村林族有兩兄弟，長名林堅松，次名林堅柏，以運鹽北上為生。一次出海遇着打大風，船被打沉，兩兄弟墮海之時，頻呼天后娘娘打救，結果兩兄弟被吹到東龍島對面的田下山的沙灘上獲救。兩人回來之後，認為天后有靈，因此就由蒲崗村人集資，在該處建一間天后廟。所以此廟歷數百年仍由蒲崗村管業。

　　到一九二八年，本港華人廟宇委員會，才正式通知蒲崗村林族，接管該廟。

　　以後該廟，就由政府負責修葺及保養了。

索罟灣天后古廟

南丫天后分南北
廟內寶爐逾百年

這間廟位於南丫島的索罟灣上，從這間廟的建造，可以看出南丫島一些奇特之點。

前文曾介紹過南丫島榕樹灣的天后廟，指出該廟用西洋石獅子守門，現在介紹的是南丫島索罟灣上的天后廟。南丫島是一個小小的海島，為甚麼要建兩間天后廟呢？

原來南丫島的島形，像一株樹的樹椏，這丫叉分界的地方，即是丫頸的部分，就成為中界線，北面的稱北約，南面的稱南約，數千年前已用這自然環境來劃分。北面的海灣就是榕樹灣，故此屬於北南丫島的居民，自建天后廟於榕樹灣；南面的居民，也自建天后廟於南邊的索罟灣上。

南丫島數千年前已有人居住，因為考古家不斷在島上掘出很多新石器時代的遺物，數年前又在蘆鬚城附近發現唐朝的灰窰遺址，證明自古該島居民分南北二區居住。

這間天后廟建於何時已不可考，相信已有二百年之久，目前可見的古物，是廟內有一個聚寶爐，爐上鑄有「道光六年吉旦」六字；道光六年即一八二六年，距今已有一百六十一年了。

另一較古的東西，是廟內的一座古鐘，這古鐘是光緒乙未年（一八九五）所鑄，距今已近百年。

廟內的碑記，亦說明不知創建於何代，但碑記也說出此廟的沿革，一共重修了三次。第一次在光緒三十三年重修，即

一九〇七年；第二次重修於一九三二年；最近一次重修，是一九六二年。

　　現時香港的廟宇，由華人廟宇委員會所管理，因此廟貌永遠保持常新，主要原因是每隔一年就例要髹一次灰水。因經常維修，故港九很多古廟，都好像新建成一樣。

沙螺灣把港大王廟

把港大王名稱怪
古廟建自乾隆年

　　這一間廟十分奇，奇在名稱，因為它叫做把港大王廟，位於大嶼山東涌附近的沙螺灣上，若想遊此廟要先到東涌才能到達。

　　先講這廟的建築年代，廟內有一口巨鐘，上鑴「乾隆六十七年」的字樣，即一七七四年所鑄，可見此廟已有二百多年歷史，不要看它矮臺三楹，卻是極有歷史的古廟。

　　此廟於咸豐二年重修，即一八五二年修葺過一次；廟內供奉的，是一位把港大王。

　　沙螺灣村，是一條古村，據說在乾隆年間，該村因面對東北，大嶼山的東北風非常大，特別是沙螺灣，當正風口，故此常常風高浪急，遇着打風，更加潮水高漲，常常浸到入村，鄉人不勝其苦，卻沒辦法應付。

　　後來鄉中父老，請一位風水先生來研究。風水先生一望，便說沙螺灣灣口太露，前面對正一島，名為杭洲，其形尖銳，應在該處建一神廟坐鎮，於是就建廟焉。

　　但是，建廟必須安奉菩薩，究竟供奉哪一位神靈最佳？風水先生曰：「這個神，守住港灣，就叫把港大王可也。」父老問他，把港大王究竟是如何相貌，風水先生便繪出圖形來，叫鄉人到新安縣城去請神像雕工塑造。

　　到了新安縣城，雕塑匠一看圖形，就指着神像店中一座神

像，父老一望，果然與風水先生所繪的神像相似。問他何以會預知神像的神態容貌，雕塑匠說，這一個是茅洲大王廟的神像，是茅洲的把港大王；父老始知，風水先生所繪的把港大王圖形，是茅洲把港大王之像。

於是就將茅洲把港大王安奉廟中，自此之後，風平浪靜，即使打大風亦不會水浸，良田越開越多，鄉人豐衣足食。

赤鱲角石廟

石廟遠在赤鱲角
廟內供天后娘娘

　　香港有一間石廟，全用石建成，只有瓦面是用瓦，櫳門是用木，其餘各部分，都是用石建成的，故此人人稱之為石廟。

　　石廟所供奉的，並不是石神，廟內的神是天后娘娘，是以這間廟的門額上有「天后宮」三字；廟雖細小，但香火極盛。

　　此廟建於道光三年，即一八二三年，距今一百六十多年。廟的兩邊，均有石牆保護，不怕颶風吹襲，非常穩固。

　　廟址在大嶼山的赤鱲角北端的廟灣上；廟灣是因這石廟而得名的，赤鱲角就是本港有關當局曾考慮在大嶼山建飛機場的地點之一。

　　赤鱲角原名赤鮏角，因為這是一個小島，島形似一條紅色的鮏魚，為方便書寫，現已多寫作赤立角，此島亦多鮏魚在海面出現，釣友常在各海灣釣到紅色的鮏魚。

　　要去遊這間石廟，必須先乘油蔴地小輪到東涌，然後在東涌乘街渡到赤鱲角的白沙咀上岸；沿鄉村小路到深灣村，再從深灣村到海邊，就見到這間石廟了。

　　此廟是由深灣村鄉民出錢出力建成的。

　　道光年間，赤鱲角島北面風浪大，特別是廟灣的一帶海面，水流湍急。深灣村本是一條亦漁亦農的村落，村民為鎮壓海邊的湍急水流，便就地取材，將島上一座石山，鑿石為牆，砍樹為

樑，並向東涌買些灰瓦，把廟建成。

　　由於廟的位置當正風口，故要建兩座石牆加以保護，遂使這間廟，成為最具特色的廟宇。

梅窩文武廟

文武廟中老大哥
不在中區在梅窩

　　俗語説「大廟有靈，細廟有準」。大廟未必是大哥，細廟並不一定是細佬，試看本港的文武廟，就知道此話不差。

　　人人都以為中區荷李活道的文武廟是大廟，一定是文武廟中的大哥，其實那間文武廟，算是老幾，香港有很多文武廟，年紀都比它為大。

　　梅窩深處的白銀鄉的文武廟，輩分就高過荷李活道的文武廟。這間廟，廟雖細小，但是規模完整，內奉關聖帝君和文昌帝君，是明朝萬曆年間所建，至今已有四百年的歷史。

　　香港的廟宇，建廟之初，一定有一些奇情妙事發生，然後建廟解決，所以每間廟，都是建於奇妙之中。

　　白銀鄉的文武廟之建，是因為鄉邊有一條山坑，突然在晚上有光閃動，附近鄉人深入研究，才知山坑的沙中有銀鑛，於是紛紛到山坑去淘銀；在淘銀中少不免有所爭執，這時候，便需要有一個主持公道的機關，來處理爭執事宜。

　　最佳的辦法，便是成立公所。明清兩代，各處鄉村的公所，都以廟宇形式出現，因為古時人多信神，當主持公道的時候，有神明在上，各人都不敢偏倚某一方面。文武廟是當時公所常安奉的神，因此便籌建公所，安奉文武二帝，就建了這間文武廟，作為仲裁機關。

　　後來銀鑛越淘越少，爭執就沒有了，鄉人專心耕種，年年豐

收，比淘銀的收入更好，他們認為這都是文武二帝庇佑之德。此廟歷四百年，經常修葺。最近修葺的一次，是一九六一年四月卅日。

　　「文昌德化中華，光昭日月；武曲功扶正位，義薄雲天。」就是當年重修時的門聯。

大廟龍床

神靈也需要休息
仙人下榻稱龍床

　　本港很多天后廟、觀音廟,都有一張龍床,這張龍床,佈置得十分輝煌。床的四邊,都掛着錦繡的帳幕;而床前,則垂下了羅帳;龍床旁邊,還有梳妝枱,這龍床所在的房間,無疑是觀音娘娘、天后娘娘、龍母娘娘的閨房。很多善信到廟裏上香時,也到這張龍床之前,伸手到羅帳內去,摸索一番,這種行動,叫做「摸龍床」。

　　從前摸龍床要給錢廟祝,自從本港各廟宇由華人廟宇委員會管理後,龍床旁邊置一錢箱,任由善信隨緣投入銀紙,多多益善,少少亦無拘。

　　摸龍床含有一種預卜今年前景的作用,因為龍床之內,有很多東西。有人摸到一粒蓮子,預卜今年抱孫了,因為蓮子即年生貴子之謂;有人摸得一粒花生,預卜今年生意興隆,因花生即生意如錦上添花之謂;有人摸到一枚銅錢,即表示今年將有大財到手,所以很多善信,都去摸一摸龍床的。

　　查廟內設龍床,由來極古,因為世人相信,神仙也要休息,所以全國各地,都有很多仙人下榻的古蹟;廟內設床,即表示仙人下榻之地,故十分神聖。摸過仙人的床,就算摸不到甚麼,手氣亦必佳。讀書的士人,必然金榜題名;商人必定手風順,買哪一種貨都賺錢。

　　記載仙人下榻的事,以《水經注》為最早,記云:「夷水又東逕石室……村人駱都,小時到此室邊採蜜,見一仙人坐石床上。」

　　此外《神仙傳》等書，都有不少敘述神仙休息的事，所以世人一直認為，神靈都有一張床，作為休息之地，而這張床，經神仙臥過，必有靈氣，因此在觀音誕、天后誕、龍母誕，善信到廟內上香時，都會到龍床處去摸一摸，以便增加運氣，預卜當年運程。

　　由於世人認為龍床是最寶貴的床，故稱之為龍床，實則即是仙人之床、神靈的臥榻。

大嶼山法華寶殿

法華寶殿奇蹟多
尼姑避亂和尚來

　　法華寶殿在大嶼山的羗山與鹿湖交界之處，此寶殿之歷史，奇妙之處甚多，最奇者是它當初是比丘尼的淨苑，後來又成和尚的靜室。講起來，真是「一匹布咁長」[11]。

　　查法華寶殿在法華淨苑之內，該處鳥語花香，梵音陣陣，身在其中，確有出塵之想。

　　考法華淨苑之建，在一九四〇年，當時由何淨恒女士及戒理和瑞光兩比丘尼，購地建築；殿內有一座木塔佛龕，又有一座地藏幽冥巨鐘。此兩物大有來頭，係由覺澄大法師從上海帶來，是一種奇妙的法器。

　　殿內有一寶物，是開光大典時從北京帶來的，這是宋版的《大藏經》。日軍攻陷香港時，何女士希望借佛力保存這間淨苑，將淨苑送予筏可和尚。因此在這段時期，這間本是比丘尼的庵堂，一變而為和尚的寺院。

　　歷代都有戰亂，但歷代戰亂中的佛門，凡由大德大行的和尚駐守，必可避過災難。法華淨苑由筏可接管後，果然平安渡過三年零八個月的黑暗時期，當時和尚在苑前種稻種菜，維持生活，日軍來到，亦不敢喧譁。

11　粵語謂説來話長。

　　苑內的天臺上，有一座望海觀音堂，係一九五五年所建，用以保十方船舶，水陸平安。

　　殿內有不少佛偈，非悟道之士，不容易參透禪機。其中有一對用佛偈寫成的長聯，可供參考。上聯云：「曹溪法雨，南海慈雲，此地是道場，龍宮湧現」；下聯是：「彌勒華林，釋迦淨土，我師無量壽，鷲嶺同參」。

　　這一對佛偈長聯，是觀本老法師所寫。法華寶殿的門聯，是筏可和尚所撰，上嵌「法華」二字。聯云：「法雨珠林，樹湧千山翠；華飄梵苑，蓮開萬劫春。」

大嶼山法華塔

法華塔是一間廟
有塔下石刻為證

　　法華塔是一座塔，怎能當廟宇來介紹？其實，塔亦是廟的一種形式。法華塔是廟，可以從塔基下面的石刻得到證明。

　　塔基石刻云：「若人散亂心，入於塔廟中，一稱南無佛，皆已成佛道。」

　　「入於塔廟中」，可見塔即是廟。這四句石刻，是《法華經》偈語，即是佛偈，故塔是廟，並非只限於法華塔，所有的塔，都是廟。

　　因為按照佛理，塔是佛所在之地，合稱「塔廟」，一個人，如果為世俗瑣事而心煩意亂，到塔廟之內，虔誠地唸「南無阿彌陀佛」，就會驅走煩亂，故入塔亦等於入廟參禪。

　　法華塔在大嶼山的鳳凰山之西、寶蓮寺的附近。建塔的山，形如木魚，故名木魚山。這一座塔廟的建造，亦有一段奇妙之事。

　　查筏可大和尚初在寶蓮寺講《法華經》時，全港僧伽都來聽佛法。筏可帶來的《法華經》，是海外珍本。在講完《法華經》之後，按照佛家的習慣，應建一塔將經藏於其中，以存佛法。

　　當年唐三藏去印度取經回長安，在大慈恩寺譯佛經，經成之後，亦建一塔藏經。這一座塔，就是大雁塔。現在陝西省西安的大慈恩寺內，仍有大雁塔供人憑弔。可見佛家建塔藏經，自唐朝已盛行。

　　筏可和尚講完《法華經》之後，就在木魚山上，建一座塔，

將《法華經》收藏在塔頂之內。因此這塔，名為「法華」，意指內藏《法華經》。

　　在法華塔旁邊，有一塊大石。石向海的一面，刻有「天風海濤」四個大字；另一面，刻「轉大法輪」數字。轉大法輪的意思，即是佛法無邊之意，謂佛法如一個大輪，旋轉不息，無邊無際。

大嶼山靈隱寺

香港也有靈隱寺
位於嶼山初地中

濟公在西湖靈隱寺出家，因不願扳附權貴，乃詐癲佯狂，與平民接近，故稱濟癲。濟癲在靈隱寺出家，本港有濟癲廟，但究竟有無靈隱寺呢？答案是有的。

香港的靈隱寺，在大嶼山大澳「嶼山初地」，該處有一座至止亭，亭側一泓溪水，有石橋通到山麓，山麓處的一座寺門，就是靈隱寺了。

大嶼山靈隱寺有件奇事，查五十多年前，當時是一九二八年，有一位大法師，法號津微，來到該處，開山建靈隱寺，在建築期間，突然圓寂，乃將未完成的工作，交由靈溪和尚主持。

靈溪和尚是在鼎湖山慶雲寺出家的，他生於光緒十四年（一八八八），俗姓凌，是廣東合浦人。他的師父是鼎湖山壽安和尚，津微大師既將重任委託於他，他便刻苦經營，終將靈隱寺建成。

人人都知道，鼎湖山慶雲寺是廣東著名的寺門，寺內有個「千人鑊」，是可以煮一千人飯的大鑊，可見慶雲寺是座容納八方善信的寺門。靈溪和尚亦希望靈隱寺能容納八方善信，雖然寺內沒有千人鑊，但大鑊卻有多隻，並且建吉祥居等靜苑，供善信居住，規模相當宏偉。

寺內有一對竹聯，是靈溪和尚所書。聯云：「全副肝腸，臻築方成因退讓；一條梛擔，徵求靈意託維持。」這對竹聯，就是說

出當年津微大師託他建造靈隱寺的情形。

　　另有一對竹聯，將「靈溪」二字用鶴頂格書成的，聯云：「靈隱高僧，衣鉢真傳徒有愧；溪流麻飯，法壇常潔道無瑕。」聯頂嵌「靈溪」二字。

　　寺中寫有「靈根參妙諦」、「隱跡悟玄機」等句，亦嵌「靈隱」二字。這許多名句都是半世紀前之物。

大嶼山寶蓮寺（一）

佛法無邊寶蓮寺
由三個和尚擴建

　　大嶼山的寶蓮寺，相信大多數人已到過，不必怎樣介紹，也知道它是本港最宏偉的禪門。但是關於寶蓮寺初期的歷史，以及它後來的發展史，相信知道的人不多。

　　現在到大嶼山寶蓮寺去，只要乘油蔴地小輪，到了梅窩乘寶蓮寺的專線巴士，就可以到達，非常方便，但在幾十年前，到寶蓮寺去就不簡單，往往要走幾小時的路，才能到達。由此可見，當初創建寶蓮寺的和尚，是如何的艱苦了。

　　寶蓮寺的位置，在昂平高原。昂平這個地方，即山上的平原。登上大嶼山，便見到一片平原在高山之上，這平原介於鳳凰山與彌勒山之間。

　　六十多年前，約在一九二〇年，有三位禪師來到昂平現時寶蓮寺的地方，見四面皆山，中間為一廣闊的平地，風水極佳，認定是十方道場所在，於是親自動手，割去山草，持鋤頭，鋤成平地。先行築一間小石屋在該處，供奉佛祖於石屋內，然後搭棚寮住於兩旁，開墾山地，奉行「一粒同餐」之旨。

　　這三位和尚，一名大悅禪師，一名頓修禪師，另一名悅明禪師，他們就是寶蓮寺的開山祖。

　　俗語說：「一個和尚擔水食，兩個和尚抬水食，三個和尚冇水食。」這其實是不了解佛門「一粒同餐」的人的胡說八道。從大嶼

山寶蓮寺的發展，就可以看到三個和尚合作所發揮的力量。到了一九二三年，十方的雲遊僧，都到這裏來共同合力，創立禪門，當時已動手建了兩間石屋。

一九二四年，鎮江金山江天寺的紀修老和尚來港，也到寶蓮寺來，當時群僧請他駐錫於此。

寶蓮寺一代祖師
登山處嶼山初地

大嶼山寶蓮寺（二）

紀修老和尚到大嶼山寶蓮寺，當時眾僧請他任第一任住持，這便是寶蓮寺的第一代祖師。談到紀修老和尚的歷史，亦頗足一述。

紀修老和尚原籍廣東四邑，少年時代托着一些布匹沿街賣布，光緒初年賣布到韶關，發心出家，先在丹霞山參禪，後到羅浮山受戒。一九一四年，到鎮江金山江天寺去做掛搭和尚，一住就住了差不多十年。

他在江天寺掛搭，地位十分低微，只擔任打更和尚之職，每晚提着燈籠，手持筑柝，由寺前巡至寺後，夜夜打更，不過，他的修為，卻是當時江天寺眾僧之首，可惜不為江天寺的長老及住持所賞識，一直打更打到一九二四年。

當時中山縣一位比丘尼定佛師太遊鎮江金山，在江天寺遇到紀修老和尚，交談之間，深覺這位打更和尚修持極高，請他到大嶼山地塘仔主持楞嚴壇，但紀修老和尚連「水腳」[12]也沒有，定佛師太便留下船資及文書，叫他到大嶼山東涌地塘仔楞嚴壇去找她。

紀修老和尚從鎮江來香港，再乘船到大嶼山，因為不識路，搭了去大澳的船，由大澳登山，一路行到入黑才到鹿湖，看見一間

12　粵語謂路費。

靜室，拍門求宿，這間靜室就是紫竹林。當時恰巧開闢寶蓮寺的三個和尚之一的悅明禪師在此，見他德高望重，便請他到寶蓮寺任住持。第二天便迎他到尚是只有一間石屋及兩間寮棚的寶蓮寺去。

　　紀修老和尚出任寶蓮寺第一代祖師，完全是因緣時會，假若他不是行錯路從大澳登山，便不會有此機緣。

　　故此一九五〇年筏可大法師任寶蓮寺住持時，為紀念紀修老和尚當年登大嶼山，特在大澳坑尾村登山的山路口，建一牌坊，書「嶼山初地」四字。

大嶼山寶蓮寺（三）

寶蓮第二代住持
筏可建大雄寶殿

大嶼山寶蓮寺最初只有一間石屋、兩座棚寮，紀修來到，才命名為寶蓮寺。由於他的號召，諸名山法師不約而來，同參禪機，於是開始籌款建第一座大殿。當時的大殿，未有現在的宏偉，只是用磚瓦木石建成，這是一九二八年之事。

當時的寶蓮寺，除大殿外，其餘建築物多是木屋。

一九三〇年，紀修老和尚以年紀太高，精神勞瘁，於是覓繼任人選，以便退居，經諸山長老會議，公推筏可法師為住持。筏可進院之後，大轉法輪，先在大殿前建護法韋馱殿及彌勒殿，築山門牌坊，自題「寶蓮禪寺」橫額，建妙法蓮華經塔，又在山後建羅漢塔。一九三五年在大殿左側拆去木屋建偏堂；一九三七年建地藏殿，鑄地藏菩薩銅像四百個供奉，又鑄二千五百斤巨銅鐘一口，又建安樂室一所，作為紀修老祖師安息之所。

現在寶蓮寺內的一口大銅鐘，就是筏可大師當年所鑄。

筏可大師之生平事蹟，亦頗足一談，筏可原籍廣東南海西樵，其父李兆文是西樵名流。筏可自少有佛根，當他的祖父去世時，他曾默思祖父何處去；十四歲即喜遊佛寺，一心向佛；十八歲時，發心出家，到白雲山能仁寺詢問何處出家最好，當時寺僧告訴他以鼎湖及羅浮二山最佳，他便去鼎湖山乞鑑航大師收為弟

子，然後寫信回家稟告父母。

他後來雲遊全國禪院，又赴越南、泰國說法。

大嶼山寶蓮寺（四）

筏可度老父出家
寶蓮寺發揚光大

筏可禪師是發展大嶼山寶蓮寺一大功臣；寶蓮寺有今日的成就，筏可功不可沒。

筏可是一位奇僧，他最奇之處，是度老父出家。他的父親李兆文，是西樵殷商。當一九三〇年筏可主持寶蓮寺時，他請父親到寶蓮寺來居住，那時紀修老和尚在安樂室內養老。他住了幾個月，天天聽筏可講佛理，深受感動，自動請紀修收他為弟子，就在寶蓮寺內，由紀修為他剃度，並取名慈雲。

父子都是和尚，世間少有。兒子出家之後，再度父親出家，歷史上有此道行的和尚，都是高僧，可見筏可並非普通的僧人。原來，他後來又度他的胞妹和外甥女出家。

在香港淪陷時，日寇管制糧食，寶蓮寺眾僧缺糧，筏可為了維持寺中僧人的米糧供應，親自經澳門到廣州灣去化緣，他在廣州灣持名靜室講經抄化[13]，得款即辦糧食運返香港，一部分糧食供寶蓮寺眾僧之用，一部分供青山禪院眾僧所需，可見他的勞苦功高。

光復後，十方善信都來大嶼山寶蓮寺，捐款建設，原來筏可在鼎湖山慶雲寺時，曾助西江沿岸各鄉保護基圍，免於水災，頗

13　點化、度化。

為西江各鄉所敬仰，他又應謝英伯之請在廣州六榕寺講《大乘起信論》，並常到廣州監獄為犯人説法。

　　他到過五臺山、上海、北京各大名刹講學，所以廣結善緣，戰爭結束後，十方善信都來輔助，把寶蓮寺建設起來。

　　寶蓮寺最初以一間石屋做基地，其後在石屋兩旁建寮棚兩座作靜室，後來才拆去木屋和寮棚，建一座磚瓦的大雄寶殿，戰後初期，寶蓮寺仍有不少木屋建築物，現在則已完全改觀。

　　單是大雄寶殿，就與最初的大雄寶殿不同，其他的建設，更不必細表了。

竹園精舍鎮山寶
慈禧太后蓮花圖

大嶼山竹園精舍

　　竹園精舍有一件奇特的寶物，這件寶物，是一幅中堂蓮花圖。這一朵蓮花，並非平常畫家所畫，是慈禧太后御筆所寫，畫上蓋有慈禧太后的玉璽，是鎮山之寶。

　　門額只題「竹園」兩字；此兩字也大有來頭，是鄒魯所書；門的兩旁有太史公吳道鎔所寫的門聯云：「竹杖偶雲遊，願度眾生皈正覺；園花同雨墜，拈來一笑悟真如。」

　　精舍內供奉三寶佛和觀音菩薩，由比丘尼主其事。它在大嶼山鹿湖至昂平大路的路旁，附近有大榕樹交柯，很容易認。

　　查竹園精舍的開山祖是一位女子，名茂昌女士，她在廿五歲時看破紅塵，廿六歲發心皈依，卅六歲到芙蓉山竹林寺禮融秋和尚處出家，卅八歲到韶關南華寺求虛雲和尚受戒，然後回港，在大嶼山建此竹園精舍；當時是一九三三年，距今已有五十多年了。

　　一九三三年，大嶼山的交通沒有現時方便，就是渡海小輪，也不似今日完備，班次亦不如今日之密，她能夠不避跋涉，在大嶼山創此山門，足見我佛有靈及她驚人的毅力。

　　這間精舍雖在深山之中，但也請過中國名僧到來講經說法。一九三五年，曾請慈航法師到精舍去講佛學，這一項課程，等於大學課程，為期三年修成。當時全港九各寺門住持，都派比丘尼及和尚參加。現時本港不少法師，都是在這時畢業的。

　　香港淪陷時期，日軍佔領大嶼山，當時的日軍殺人不眨眼，但經過竹園精舍時，連行路都不敢用力踏腳上的皮靴，靜悄悄便走過，更加不敢入去騷擾，故此精舍未遭破壞，那幅鎮山之寶的慈禧太后御筆蓮花圖亦得以保存。

大嶼山慧修院

慧修院有飛來石
重逾千斤自天來

慧修院有一奇蹟，至今仍為人們所樂道。

奇蹟是一九三五年，慧修院後面的高山上，有一塊重約千斤的巨石，霹靂一聲，由山上滾下，附近鄉人見了，認為這塊石直向慧修院滾來，定必將慧修院撞坍，誰知佛法無邊，此石飛滾而下，來到後牆之前，便戛然而止，好像有法力將石定住，慧修院無絲毫的損壞。這一塊「飛來石」，反而成為該院的一件神蹟紀念品；遊該院者，無不去看這塊「飛來石」。

該院在大嶼山鹿湖的山坡下，離竹園精舍不遠。

查該院的開山祖是荃灣東普陀寺茂峰上人的皈依弟子聖修女居士，她就在這塊「飛來石」出現之前出家的，後來由真明比丘尼主理，說起來，此院已有五十多年的歷史。

真明師太並非本地人，她原籍北京，但來廣東已很久，一向寄居新會，她俗姓鄒，曾在北京貞嚴學校讀書，及在北京婦孺醫院產科畢業，是一位助產士，來香港大嶼山慧修院出家。真明師太曾在慧修院內辦學，當時大嶼山鹿湖適齡的學童很多，但附近沒有學校，真明師太就在院內辦學，後來當局去大嶼山各處辦學，她的學生便轉往各校去升學。

院內有觀音殿、三寶佛殿、靜室三幢，有很多女居士在內靜修，環境幽美，齋點極佳。

慧修院的正門，有門聯云：「慧日高懸，三界眾生皆獲耀；修成妙智，十方群類盡沾光。」點出了該院命名的真諦。

由於茂峰上人是該院開山祖的師父，茂峰曾到該院宣揚佛法，在講學之時，揮筆寫了一對對聯，聯云：「慧能證性輝千古，修聖圓明耀萬年。」

大嶼山悟真紅屋

大嶼山悟真紅屋
見佛光建成庵堂

大嶼山有一間「紅屋」，這間屋因為用紅色磚建成，故名。紅屋的大門口，有「悟真」二字，故又稱之為悟真紅屋。

悟真紅屋在大嶼山的羌山之上，普通旅行者不易找到，假如你會去靈隱寺的話，就較易找到，因為它就在靈隱寺對面不遠之處。到該處自然見到一座涼亭，此亭名為至止亭，悟真紅屋即在亭的後面，該處茂林修竹，風景特佳。

悟真紅屋是一間尼庵，裏面安奉三寶佛和觀音大士，這間紅屋已有五十多年歷史。

一九二七年，筏可大師收了一位女弟子，她剃度為尼，拜名靜徹，取意靜修可大徹大悟。這位靜徹比丘尼，一日來到羌山，忽見前面紅光閃耀，出現在一處樹林之中，走上前看，紅光冉冉上升，她領悟到這就是佛光，於是就買了出現紅光的那塊地，建成了這一間紅屋。

她選用紅磚建成屋牆，正是取紅光出現之意；取名「悟真」，即領悟真道。悟真紅屋於一九二八年建成，至今有近六十年歷史。

日佔時期，這間紅屋經過多次的颶風吹襲，及日軍的多次騷擾破壞，仍然屹立不動，被認為是佛祖有靈，庇佑有方，故在戰後加以修葺和粉飾，那時，靜徹比丘尼已老，修葺的工作，由一位女居士負責。

　　這位女居士姓張名德能，她於一九四九年將紅屋修葺和擴充，自此之後，就吸引很多女善信到來禮佛，有很多婦女，在此皈依，帶髮修行，成為大嶼山一處極有名氣的女性持修之地。

　　由於悟真紅屋內有不少順德女子持修，她們所製的齋菜亦極佳，當浴佛節、觀音誕及上元、中元、下元三節時，很多人都到該處禮佛兼品嚐齋菜。

長洲玉虛宮

玉虛宮北帝天賜
鎮廟劍失而復得

　　長洲的玉虛宮，相信不用介紹，人人都知道，是間著名的古廟。每年長洲清醮，都在玉虛宮前舉行，去過長洲的人，多數到過該廟。

　　但這間廟有三奇，相信很少人知道。第一奇，廟內的北帝神像，是由上天所賜；第二奇，廟內有一柄神劍，曾經被人偷去，但又會自動送回來；第三奇，廟前石獅子特別多，為別間廟所不及。

　　這三奇，可逐一說明：

　　遠在乾隆年間，長洲漁民在海面捕魚，忽然一網，網起了一尊神像，當時全島漁民，都走來觀看，有人認出這是北方真武玄天上帝的神像，認為是上天送這位菩薩來長洲，保佑全島水陸居民平安，因此就集資興建了這座北帝廟。

　　如今廟內有一座古鐘，鐘上刻「乾隆四十九年」、「番禺沙灣黃開勝敬贈」等字樣，相信是建廟時所製的鐘。乾隆四十九年，是一七八四年。

　　廟內的一把古劍，也是在建廟不久，島上漁民出海捕魚時撈獲，將它送到廟內，作為鎮廟之寶。這柄寶劍，是宋代的古物，有人說是宋帝昺時，乘船經過長洲，一位將軍將之拋下海去鎮風浪的。這柄古劍，日佔時期，曾被一個日軍取去，他想將之佔為己有，後來不知如何，這個日軍突然死去，同伴知他取去古劍，便立即將劍送回來。

　　戰後，在七十年代時，亦有人偷去此古劍，後來此劍被人發現棄在路上，把它送來，相信是偷劍的人不敢把它佔為己有之故。

　　廟前的石獅子，共有四隻之多，每對石獅，都作回頭相玩的形狀。而廟的瓦面和簷角，亦有很多獅子，成為全港廟宇中，獅子最多的一間；石獅都是得北帝保佑發達之人送來的。

長洲關公忠義亭

此廟堪稱最新潮
不稱古廟而稱亭

凡廟都稱古廟，但是有一間關帝廟，則不稱古廟，可稱為新潮的關帝廟，它建在長洲市區的山上，歷史並不悠久。

這間廟奇在不稱廟而稱關公忠義亭。事實上它是一座七彩繽紛的亭式廟宇，廟內安奉關聖帝君。廟前一聯寫着：「志在春秋功在漢，忠同日月義同天」，把這位三國時代名將的為人完全描寫出來。

近十多年來，長洲加速發展，成為港人星期日或假日旅行的勝地。該處的東灣是一處游泳灘，馬會也曾捐款發展長洲的旅行設施，特在東灣海邊建了一座套裝的兒童遊樂場。當地商民亦不遺餘力，參加建設，捐款在長洲山上建一套亭院式的建築物，闢成花園模樣。

長洲有很多神廟，如北帝廟、觀音廟、天后廟等。據故老相傳，山上本有一間關帝廟，因年久失修，被人忘記，因此便在建造這山頂花園時，築了這座關公忠義亭。

該廟正中為一座大亭，兩邊各有長廊，全部都是用琉璃瓦作上蓋，但一切結構都用現代化的建築材料。從前建廟主要用四川的楠木作棟樑，現在楠木不止香港缺乏，就是四川也不多，故無法用楠木作棟樑，只好一切都現代化。

廟前的一個香爐，也是現代化的香爐，並非古廟那種用生鐵鑄成的香爐；香爐兩邊各有一條七彩金龍，都是用最新的顏料塗

上去的。

　　長洲建醮，很多人誤解以為是玉虛宮的神誕，其實不然。

　　建醮的真正解法是保太平，把島上各廟的菩薩都請到玉虛宮前作集體供奉，然後抬着遊行，這位關聖帝君，當時也參與盛會。

長洲五石廟

五石成神保社稷
以小為尊靚香爐

　　一座奇怪的小廟，供奉着五塊石頭。這間小廟之妙，妙在五塊石頭大小形狀不同，其中一塊小小的石頭，放在一個七彩瓷器靚香爐中，似有五大以小為尊之意。

　　原來這五塊石頭，是一種巧妙的安排，正中的四塊石頭，其中正面的兩塊，高的一塊，代表老公公；矮的一塊，代表老婆婆，這是老的一代的代表。旁邊的兩塊，代表少爺與少奶，而另外一塊小石頭，旁邊則放着一個香爐，代表第三代，即是這老公公、老婆婆的孫兒。

　　五塊石頭，代表老、中、青。於是，它們就負起了庇佑當地的老年人、中年人和青少年的責任。人們向它們上香，是祈望它們保佑闔家上下，老少平安大吉。

　　這座小廟在長洲，長洲居民很多都到該處上香，每到這小廟陳舊了，便立即捐款修葺，非常熱心，因為他們相信這五塊石頭是靈神。

　　很多地方都有以石頭為靈神的風俗，但一般都是放一塊石頭的，只有長洲這廟特別，是放五塊石頭。

　　石頭代表社稷，就是說，這種風俗，是古代社稷之神的遺制。因此，五塊石頭放在一起，亦可以表示「五福五土」之意，等於代表東南西北中五個方位的靈神。

　　但是，長洲這五石之神，其中一塊石特別小，顯然又並非五

福五土的意思，因為東南西北中是不分大細的。

其中那塊小石另放一香爐，據説是讓某些家中有孩子生病的人，到來上香拜一拜，祈了福就平安無事。

東涌法林禪院

法法何曾法
林林不是林

大嶼山最多佛廟，其中有不少是十分奇妙的，即如法林禪院就是其中之一。

法林禪院位於大嶼山東涌鳳凰嶺下、土名地塘仔之處。最奇的是一對妙聯，聯云：「法法何曾法，林林不是林。」此聯妙在對得工整而有禪意，是寶禪法師黃叔度所題。

法林禪院另一奇是「農禪聖地」。

甚麼叫做「農禪」呢？就是一方面做和尚，一方面耕田種菜。俗人說做日和尚敲日鐘，法林禪院的和尚並非如此，是做一日和尚耕一日田。這種從事農業生產而又從事禪道的工作，便稱為農禪。提倡農禪的是一位百丈禪師。

百丈禪師有一句口號，叫做「一日不作，一日不食」。就是說這一日不從事農務，這一日就不進食，可見他們的嚴謹。

大嶼山上有很多佛堂寺廟，從前本是由比丘尼開山的，後來則改由大法師主持。俗人向把比丘尼的佛堂稱尼姑庵，法師主持的則稱和尚寺。其實在佛門之地並不這樣分開的，寺亦有比丘尼主持的。法林禪院建於一九三二年，開山祖師是比丘尼德清師太。

只因第二次世界大戰時，香港為日軍佔領，德清師太遂將這間廟送給復仁老和尚。

由於法林禪院前後左右多空地，復仁法師就在該處提倡農禪，把所有空地，開墾成為良田，在該處種菜，所出產的蔬菜，

售予附近的佛門。

　　法林禪院被譽為港九各寺廟中最多人來打齋[14]的地方，可見它香火之盛。

14　佈施素食予人。

流動廟宇

萬德莊嚴即萬佛廟
閃電建成靠念佛社

盂蘭節萬德莊嚴廟

萬德莊嚴廟是一座臨時的神廟，在平時不容易找到，只有在盂蘭節才會出現。

這座廟很大，與一座戲棚差不多，是用竹木蓋成。而廟頂則是用鋅鐵鋪上去的。當蓋好了廟形後，只花半天時間，就把廟宇裝修得莊嚴肅穆，完全是一座古廟的規模。

可以說，這是建築得最快的神廟，由蓋搭上蓋至佈置好廟內的神殿神壇，只花三天的時間就完成，堪稱一座閃電式的神廟。

原來，能夠在半日之內，便將一座竹棚裝成一座廟宇的，是念敬佛社的功勞。

念敬佛社是一個潮州人組織的佛社，佛社內有數十個巨型的鐵箱，裏面收藏着整座廟宇的一切裝飾，有全座廟內的對聯、橫額、神壇、佛像，以及各種金絲刺繡裝飾物，只要上蓋一建成，就將鐵箱搬來；佛社內的工作人員，都是熟練非常的，只花十二小時的佈置，就完成了一間萬德莊嚴廟了。

考萬德莊嚴廟，即萬佛廟，因為照佛經所說，佛即是德，德即是佛，凡佛皆有德，佛心如德田，猶如田能種稻，稻能生穀，穀能成米以濟萬眾。

《佛經》云：「阿羅漢僧及如來，具諸勝功德，及能生他勝功德。」便是說佛能生德，故「萬德」就是「萬佛」。

每年盂蘭節，本港各區的潮州街坊，都有盂蘭勝會之設，在

盂蘭勝會的會場內，這座萬德莊嚴廟是不可少的。廟內供奉羅漢及三寶佛，正中處是三寶佛。

　　三寶佛表示甚麼呢？是表示過去、現在及未來。如果你留心三寶佛的雙手的形狀，就知道三位佛像的手，各有不同的姿勢，這姿勢正是表示過去、現在和未來。故拜三寶佛的作用，亦成了求佛饒恕過去的罪，保佑現在和未來的幸福。

盂蘭勝會大士殿

大士殿臨時廟宇
內供奉佈施觀音

香港有些臨時的廟宇，例如在建築地盤附近所設的玉皇大帝及土地小廟等，就是臨時廟宇。現在要介紹的大士殿也是重要的臨時廟宇之一。

每年農曆七月，本港各處街坊，都有盂蘭勝會之設，在這些盂蘭勝會中，必然有一座大士殿，這大士殿是主要的臨時廟宇，因為，除了在盂蘭勝會內，不會有此類大士殿。同時，當勝會結束時，這大士殿亦告拆卸，不再存在。

大士殿內，供奉的是觀音大士，或者有人會問，既然供奉觀音大士，本港有很多觀音廟，怎說盂蘭節過後，就沒有大士殿呢？這一問是問得好，回答這問題，最好是到各觀音廟去看看，觀音廟中的大殿，是不叫大士殿的。

中國的神廟能成為一種學問，稱為「廟學」，原因是各種廟宇，都有其獨特的制度。

大士殿內供奉的觀音大士，是其中一種觀音，這位觀音稱為佈施觀音，祂的工作是將衣食佈施給陰間的孤魂。盂蘭勝會是佈施衣食給陰間孤魂野鬼的道場，故此要設一座大士殿，供奉一位佈施觀音，由祂主持佈施工作。

觀音有千萬個化身，每個化身做一種工作。其中一種化身是做佈施工作的，因此這位觀音的相貌，狀如一位鬼王，全身金

甲,黑面睜眉,與一般觀音神像不同,故一般觀音廟,沒有這種佈施觀音供奉的,只有在盂蘭勝會之時,才有佈施觀音供奉,一到佈施結束,大士殿便會拆卸。

很多街坊的盂蘭勝會,都會派米施捨窮人,有米派的,亦一定將米放在大士殿側,以示由觀音大士主持佈施。

魯 金 作 品 集

策劃編輯　梁偉基
責任編輯　張軒誦
書籍設計　陳朗思
配圖攝影　郭志標　梁偉基　陳朗思　張軒誦

書　　名　香港廟宇閒談
著　　者　魯金
出　　版　三聯書店（香港）有限公司
　　　　　香港北角英皇道四九九號北角工業大廈二十樓
香港發行　香港聯合書刊物流有限公司
　　　　　香港新界荃灣德士古道二二〇至二四八號十六樓
印　　刷　美雅印刷製本有限公司
　　　　　香港九龍觀塘榮業街六號四樓A室
版　　次　二〇二三年五月香港第一版第一次印刷
規　　格　特十六開（145×210mm）二一六面
國際書號　ISBN 978-962-04-5133-1